法律法规注释红宝书

中华人民共和国
劳动合同法

注释红宝书

中国法治出版社
CHINA LEGAL PUBLISHING HOUSE

中华人民共和国

政协商会同法

主编 江平

《中华法律法规汇编》编写组 编

中国物价出版社

编写说明

《法律法规注释红宝书》丛书旨在为广大读者提供一套精准、高效且便于使用的法律工具书。本丛书在严格遵循法律法规标准文本的基础上，精心设计编排体例，融入创新实用的学习辅助工具，力求满足读者快速检索、深入理解、系统掌握法律知识的核心需求。

本丛书核心特点与实用价值如下：

【标准文本】完整收录法律法规标准文本，确保内容的准确性与时效性。精心提炼法律条文主旨，高度概括法条的核心要义与适用范围，便于读者迅速把握法律的整体脉络与关键章节，提升法律检索的效率。

【疑难注释】针对法律条文中的重点难点及易产生歧义之处，设置"疑难注释"版块，结合关联条文，对关键法律术语及法律适用中的复杂情形和实践难点进行深入解析。通过抽丝剥茧、化繁为简的阐释，将晦涩难懂的法律条文转化为通俗易懂的知识点，有效扫清理解障碍。

【思维导图】创新性引入可视化工具,在**"图解法律"**版块将法律条文之间的逻辑关系、知识结构以清晰、直观的图表形式呈现。通过绘制"法律知识地图",帮助读者摆脱枯燥的文字记忆,快速建立系统化的法律知识框架,深刻理解法律规范的内在联系与体系架构。

【实务点拨】立足法律实践,在**"实务点拨"**版块精选司法机关发布的公报案例、指导案例及典型案例等,为便于阅读进行了必要的节录等编辑加工。通过展示司法观点,揭示法律条文在实践中的应用规则、裁判尺度和常见问题处理方式,为读者提供宝贵的实务操作指引和经验借鉴。

我们始终秉持严谨、专业的态度进行编撰,力求为读者提供高品质法律学习参考工具书。由于编者水平有限,书中难免存在疏漏或不尽完善之处,敬请广大读者不吝赐教,提出宝贵的批评与建议。

读者可登录中国法治出版社网站 https://www.zgfzs.com/或者关注微信公众号、抖音号"中国法治出版社"获取更多新书资讯。

《法律法规注释红宝书》编写组

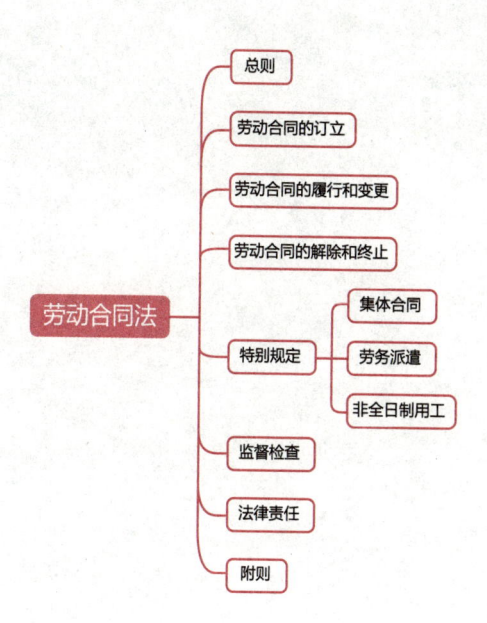

```
劳动合同法
├── 总则
├── 劳动合同的订立
├── 劳动合同的履行和变更
├── 劳动合同的解除和终止
├── 特别规定
│   ├── 集体合同
│   ├── 劳务派遣
│   └── 非全日制用工
├── 监督检查
├── 法律责任
└── 附则
```

目　　录

中华人民共和国劳动合同法

第一章　总　　则 …………………………（2）
　　第一条　立法宗旨 …………………………（2）
　　第二条　适用范围 …………………………（2）
　　第三条　基本原则 …………………………（4）
　　第四条　规章制度 …………………………（4）
　　第五条　协调劳动关系三方机制 …………（9）
　　第六条　集体协商机制 ……………………（10）
第二章　劳动合同的订立 ……………………（12）
　　第七条　劳动关系的建立 …………………（12）

第 八 条	用人单位的告知义务和劳动者的说明义务 …………… (17)
第 九 条	用人单位不得扣押劳动者证件和要求提供担保 ………… (17)
第 十 条	订立书面劳动合同 …………… (18)
第十一条	未订立书面劳动合同时劳动报酬不明确的解决 ………… (21)
第十二条	劳动合同的种类 ……………… (21)
第十三条	固定期限劳动合同 …………… (22)
第十四条	无固定期限劳动合同 ………… (23)
第十五条	以完成一定工作任务为期限的劳动合同 ……………… (27)
第十六条	劳动合同的生效 ……………… (28)
第十七条	劳动合同的内容 ……………… (30)
第十八条	劳动合同对劳动报酬和劳动条件约定不明确的解决 …………………… (33)
第十九条	试用期 ………………………… (33)
第二十条	试用期工资 …………………… (35)

第二十一条	试用期内解除劳动合同	(36)
第二十二条	服务期	(36)
第二十三条	保密义务和竞业限制	(38)
第二十四条	竞业限制的范围和期限	(45)
第二十五条	违约金	(51)
第二十六条	劳动合同的无效	(52)
第二十七条	劳动合同部分无效	(55)
第二十八条	劳动合同无效后劳动报酬的支付	(55)

第三章 劳动合同的履行和变更 ………… (56)

第二十九条	劳动合同的履行	(56)
第 三 十 条	劳动报酬	(56)
第三十一条	加班	(58)
第三十二条	劳动者拒绝违章指挥、强令冒险作业	(61)
第三十三条	用人单位名称、法定代表人等的变更	(61)

第三十四条　用人单位合并或者分立 …………（63）

第三十五条　劳动合同的变更 …………（64）

第四章　劳动合同的解除和终止 …………（68）

第三十六条　协商解除劳动合同 …………（68）

第三十七条　劳动者提前通知解除劳动合同 …………（69）

第三十八条　劳动者解除劳动合同 …………（69）

第三十九条　用人单位单方解除劳动合同 …………（75）

第 四 十 条　无过失性辞退 …………（79）

第四十一条　经济性裁员 …………（81）

第四十二条　用人单位不得解除劳动合同的情形 …………（84）

第四十三条　工会在劳动合同解除中的监督作用 …………（89）

第四十四条　劳动合同的终止 …………（89）

第四十五条　劳动合同的逾期终止 …………（94）

第四十六条　经济补偿 …………（95）

第四十七条	经济补偿的计算	(97)
第四十八条	违法解除或者终止劳动合同的法律后果	(99)
第四十九条	社会保险关系跨地区转移接续	(101)
第 五 十 条	劳动合同解除或者终止后双方的义务	(101)

第五章　特别规定 (103)

第一节　集体合同 (103)

第五十一条	集体合同的订立和内容	(103)
第五十二条	专项集体合同	(104)
第五十三条	行业性集体合同、区域性集体合同	(105)
第五十四条	集体合同的报送和生效	(106)
第五十五条	集体合同中劳动报酬、劳动条件等标准	(107)

第五十六条 集体合同纠纷和法律救济 ………………………… (107)
第二节 劳务派遣 …………………… (109)
第五十七条 劳务派遣单位的设立 …… (109)
第五十八条 劳务派遣单位、用工单位及劳动者的权利义务 ……………………… (110)
第五十九条 劳务派遣协议 …… (114)
第 六 十 条 劳务派遣单位的告知义务 ……………………… (116)
第六十一条 跨地区派遣劳动者的劳动报酬、劳动条件 ………… (116)
第六十二条 用工单位的义务 …… (117)
第六十三条 被派遣劳动者同工同酬 ………………………… (118)
第六十四条 被派遣劳动者参加或者组织工会 ……………… (118)
第六十五条 劳务派遣中解除劳动合同 ………………………… (119)

第六十六条　劳务派遣的适用岗位 ……… (121)
第六十七条　用人单位不得自设劳务派遣单位 …………… (122)
第三节　非全日制用工 ……… (122)
第六十八条　非全日制用工的概念 ……… (122)
第六十九条　非全日制用工的劳动合同 …………… (123)
第 七 十 条　非全日制用工不得约定试用期 …………… (125)
第七十一条　非全日制用工的终止用工 …………… (125)
第七十二条　非全日制用工的劳动报酬 …………… (125)

第六章　监督检查 …………… (127)

第七十三条　劳动合同制度的监督管理体制 …………… (127)
第七十四条　劳动行政部门监督检查事项 …………… (127)

第七十五条　监督检查措施和依法行政、文明执法 …………（130）

第七十六条　其他有关主管部门的监督管理 ……………（130）

第七十七条　劳动者权利救济途径 …（131）

第七十八条　工会监督检查的权利 …（131）

第七十九条　对违法行为的举报 ……（132）

第七章　法律责任 ………………………（134）

第 八 十 条　规章制度违法的法律责任 …………………………（134）

第八十一条　缺乏必备条款、不提供劳动合同文本的法律责任 ……………………（134）

第八十二条　不订立书面劳动合同的法律责任 ……………（135）

第八十三条　违法约定试用期的法律责任 …………………………（138）

第八十四条　扣押劳动者身份证等证件的法律责任 ………（139）

第八十五条	未依法支付劳动报酬、经济补偿等的法律责任 …… (140)
第八十六条	订立无效劳动合同的法律责任 ………………… (141)
第八十七条	违法解除或者终止劳动合同的法律责任 ……… (141)
第八十八条	侵害劳动者人身权益的法律责任 ……………… (141)
第八十九条	不出具解除、终止书面证明的法律责任 ……… (142)
第 九 十 条	劳动者的赔偿责任 …… (142)
第九十一条	用人单位的连带赔偿责任 …………………………… (143)
第九十二条	劳务派遣单位的法律责任 …………………………… (143)
第九十三条	无营业执照经营单位的法律责任 ……………… (144)
第九十四条	个人承包经营者的连带赔偿责任 ……………… (144)

第九十五条 不履行法定职责、违法行使职权的法律责任 …………………（145）

第八章 附　　则 …………………………（146）

第九十六条 事业单位聘用制劳动合同的法律适用 ………（146）

第九十七条 过渡性条款 ………………（146）

第九十八条 施行时间 …………………（147）

附录一　关联规定

中华人民共和国劳动法 ……………………（151）
　　（2018年12月29日）

中华人民共和国劳动争议调解仲裁法 ……（175）
　　（2007年12月29日）

最高人民法院关于审理劳动争议案件适用法律问题的解释（一）………………………（190）
　　（2020年12月29日）

最高人民法院关于审理劳动争议案件适用
　法律问题的解释（二） ………………（208）
　（2025 年 7 月 31 日）

附录二　实用工具

1. 劳动合同（通　用） ………………（219）
2. 劳动合同（劳务派遣） ……………（230）
3. 劳动合同争议起诉状（参考文本） ……（242）

中华人民共和国劳动合同法

(2007年6月29日第十届全国人民代表大会常务委员会第二十八次会议通过 根据2012年12月28日第十一届全国人民代表大会常务委员会第三十次会议《关于修改〈中华人民共和国劳动合同法〉的决定》修正)

第一章 总 则

第一条 【立法宗旨】* 为了完善劳动合同制度,明确劳动合同双方当事人的权利和义务,保护劳动者的合法权益,构建和发展和谐稳定的劳动关系,制定本法。

第二条 【适用范围】中华人民共和国境内的企业、个体经济组织、民办非企业单位等组织(以下称用人单位)与劳动者建立劳动关系,订立、履行、变更、解除或者终止劳动合同,适用本法。

国家机关、事业单位、社会团体和与其建立劳动关系的劳动者,订立、履行、变更、解除或者终止劳动合同,依照本法执行。

---

* 条文主旨为编者所加,仅供参考。

疑难注释

依法成立的会计师事务所、律师事务所等合伙组织和基金会，属于《劳动合同法》规定的用人单位。(参见《劳动合同法实施条例》第3条)

实务点拨

实务观点：即将毕业的大专院校在校学生以就业为目的与用人单位签订劳动合同，且接受用人单位管理，按合同约定付出劳动；用人单位在明知求职者系在校学生的情况下，仍与之订立劳动合同并向其发放劳动报酬的，该劳动合同合法有效，应当认定双方之间形成劳动合同关系。[1]

---

[1] 郭某诉江苏某大药房连锁有限公司劳动争议案(《最高人民法院公报》2010年第6期)，载最高人民法院网，http://gongbao.court.gov.cn/Details/c66ff5b19208390bcfa3757da764d8.html? sw=，最后访问时间：2025年8月4日。

第三条 【基本原则】订立劳动合同,应当遵循合法、公平、平等自愿、协商一致、诚实信用的原则。

依法订立的劳动合同具有约束力,用人单位与劳动者应当履行劳动合同约定的义务。

> **实务点拨**
>
> **实务观点**:用人单位规定劳动者在完成一定绩效后可以获得奖金,其无正当理由拒绝履行审批义务,符合奖励条件的劳动者主张获奖条件成就,用人单位应当按照规定发放奖金的,人民法院应予支持。[①]

第四条 【规章制度】用人单位应当依法建立和完善劳动规章制度,保障劳动者享有劳动权利、履行劳动义务。

用人单位在制定、修改或者决定有关劳动报酬、工作时间、休息休假、劳动安全卫生、保险福利、

---

① 最高人民法院指导案例182号。

职工培训、劳动纪律以及劳动定额管理等直接涉及劳动者切身利益的规章制度或者重大事项时，应当经职工代表大会或者全体职工讨论，提出方案和意见，与工会或者职工代表平等协商确定。

在规章制度和重大事项决定实施过程中，工会或者职工认为不适当的，有权向用人单位提出，通过协商予以修改完善。

用人单位应当将直接涉及劳动者切身利益的规章制度和重大事项决定公示，或者告知劳动者。

疑难注释

用人单位应当依法建立和完善规章制度，保障劳动者享有劳动权利和履行劳动义务。（参见《劳动法》第4条）

用人单位根据《劳动合同法》第4条规定，通过民主程序制定的规章制度，不违反国家法律、行政法规及政策规定，并已向劳动者公示的，可以作为确定双方权利义务的依据。用人单位制定的内部规章制度与集体合同或者劳动合同约定的内容不一致,劳动者请求优先适用合同约定的,人民法院应予支持。(参见《最高人民法院关于审理劳动争议案件适用法律问题的解释(一)》第50条)

实务点拨

用人单位以规章制度形式否认
劳动者加班事实无效

实务观点:通过民主程序制定的规章制度,不违反国家法律、行政法规及政策规定,并已向劳动者公示的,可以作为确定双方权利义务的依据。本案中,一方面,某网络公司的员工手册规定有加班申请审批制度,该规定并不违反法律规定,且具有合理性,在劳动者明知此规定的情况下,可以作为确定双方权利义务的依据。另一方面，某网络公司的员工手册规定21：00之后起算加班时间，并主张18：00至21：00是员工晚餐和休息时间，故自21：00起算加班。鉴于18：00至21：00时间长达3个小时，远超过合理用餐时间，且在下班3个小时后再加班，不具有合理性。在某网络公司不能举证证实该段时间为员工晚餐和休息时间的情况下，其规章制度中的该项规定不具有合理性，人民法院依法否定了其效力。人民法院结合考勤记录、工作系统记录等证据，确定了常某的加班事实，判决某网络公司支付常某加班费差额。

典型意义：劳动争议案件的处理，既要保护劳动者的合法权益，也应促进企业有序发展。合法的规章制度既能规范用人单位用工自主权的行使，又能保障劳动者参与用人单位民主管理，实现构建和谐劳动关系的目的。不合理的规章制度则会导致用人单位的社会声誉差、认同感低,最终引发人才流失,不利于用人单位的长远发展。用人单位制定的合理合法的规章制度,可以作为确定用人单位、劳动者权利义务的依据。一旦用人单位以规章制度形式规避应当承担的用工成本,侵害劳动者的合法权益,仲裁委员会、人民法院应当依法予以审查,充分保护劳动者的合法权益。用人单位应当根据单位实际,制定更为人性化的规章制度,增强劳动者对规章制度的认同感,激发劳动者的工作积极性,从而进一步减少劳动纠纷,为构建和谐劳动关系做出贡献。①

---

① 《劳动人事争议典型案例(第二批)》,案例8. 用人单位以规章制度形式否认劳动者加班事实是否有效,载最高人民法院网,https://www.court.gov.cn/zixun/xiangqing/319151.html,最后访问时间:2025年8月4日。

第五条 【协调劳动关系三方机制】县级以上人民政府劳动行政部门会同工会和企业方面代表,建立健全协调劳动关系三方机制,共同研究解决有关劳动关系的重大问题。

疑难注释

"一函两书"制度是工会及相关单位为提醒用人单位落实好劳动法律法规,或纠正其违法劳动用工行为而适用相关文书的制度简称。其中"一函"指的是《工会劳动法律监督提示函》,"两书"指的是《工会劳动法律监督意见书》和《工会劳动法律监督建议书》。

工会参与劳动争议处理工作应当积极争取地方政府的支持,通过政府联席(联系)会议、协调劳动关系三方机制等形式,定期与同级政府沟通交流工作情况,研究解决工作中的重大问题。(参见《工会参与劳动争议处理办法》第28条第1款)

第六条 【集体协商机制】工会应当帮助、指导劳动者与用人单位依法订立和履行劳动合同,并与用人单位建立集体协商机制,维护劳动者的合法权益。

疑难注释

工会帮助、指导职工与企业、实行企业化管理的事业单位、社会组织签订劳动合同。工会代表职工与企业、实行企业化管理的事业单位、社会组织进行平等协商,依法签订集体合同。集体合同草案应当提交职工代表大会或者全体职工讨论通过。工会签订集体合同,上级工会应当给予支持和帮助。企业、事业单位、社会组织违反集体合同,侵犯职工劳动权益的,工会可以依法要求企业、事业单位、社会组织予以改正并承担责任;因履行集体合同发生争议,经协商解决不成的,工会可以向劳动

争议仲裁机构提请仲裁,仲裁机构不予受理或者对仲裁裁决不服的,可以向人民法院提起诉讼。(参见《工会法》第 21 条)

第二章 劳动合同的订立

第七条 【劳动关系的建立】 用人单位自用工之日起即与劳动者建立劳动关系。用人单位应当建立职工名册备查。

疑难注释

《劳动合同法》第 7 条规定的职工名册,应当包括劳动者姓名、性别、公民身份号码、户籍地址及现住址、联系方式、用工形式、用工起始时间、劳动合同期限等内容。(参见《劳动合同法实施条例》第 8 条)

用人单位违反《劳动合同法》有关建立职工名册规定的,由劳动行政部门责令限期改正;逾期不改正的,由劳动行政部门处 2000 元以上 2 万元以下的罚款。(参见《劳动合同法实施条例》第 33 条)

劳动者被多个存在关联关系的单位交替或者同时用工,其请求确认劳动关系的,人民法院按照下列情形分别处理：(1) 已订立书面劳动合同，劳动者请求按照劳动合同确认劳动关系的，人民法院依法予以支持；(2) 未订立书面劳动合同的，根据用工管理行为，综合考虑工作时间、工作内容、劳动报酬支付、社会保险费缴纳等因素确认劳动关系。劳动者请求符合前述第2项规定情形的关联单位共同承担支付劳动报酬、福利待遇等责任的，人民法院依法予以支持，但关联单位之间依法对劳动者的劳动报酬、福利待遇等作出约定且经劳动者同意的除外。(参见《最高人民法院关于审理劳动争议案件适用法律问题的解释（二）》第3条)

外国人、无国籍人未依法取得就业证件即与中华人民共和国境内的用人单位签订劳动合同，当事人请求确认与用人单位存在劳动关系的，人民法院不予支持。持有《外国专家证》并取得《外国人来华工作许可证》的外国人，与中华人民共和国境内的用人单位建立用工关系的,可以认定为劳动关系。(参见《最高人民法院关于审理劳动争议案件适用法律问题的解释(一)》第33条)

外国人与中华人民共和国境内的用人单位建立用工关系,有下列情形之一,外国人请求确认与用人单位存在劳动关系的,人民法院依法予以支持:(1)已取得永久居留资格的;(2)已取得工作许可且在中国境内合法停留居留的;(3)按照国家有关规定办理相关手续的。(参见《最高人民法院关于审理劳动争议案件适用法律问题的解释(二)》第4条)

依法设立的外国企业常驻代表机构可以作为劳动争议案件的当事人。当事人申请追加外国企业参加诉讼的,人民法院依法予以支持。(参见《最高人民法院关于审理劳动争议案件适用法律问题的解释(二)》第5条)

实务点拨

劳动关系的本质特征是支配性劳动管理

实务观点：平台企业或者平台用工合作企业与劳动者订立承揽、合作协议，劳动者主张与该企业存在劳动关系的，人民法院应当根据用工事实，综合考虑劳动者对工作时间及工作量的自主决定程度、劳动过程受管理控制程度、劳动者是否需要遵守有关工作规则、算法规则、劳动纪律和奖惩办法、劳动者工作的持续性、劳动者能否决定或者改变交易价格等因素，依法作出相应认定。对于存在用工事实，构成支配性劳动管理的，应当依法认定存在劳动关系。①

实务观点：1. 平台企业或者平台用工合作企业要求劳动者注册为个体工商户后再签订承揽、合作协议，劳动者主张根据实际履行情况

---

① 最高人民法院指导性案例237号。

认定劳动关系的，人民法院应当在查明事实的基础上，依据相关法律，准确作出认定。对于存在用工事实，构成支配性劳动管理的，依法认定存在劳动关系。2. 对于主营业务存在转包情形的，人民法院应当根据用工事实和劳动管理程度，结合实际用工管理主体、劳动报酬来源等因素，依法认定劳动者与其关系最密切的企业建立劳动关系。①

实务观点：经纪公司对从业人员的工作时间、工作内容、工作过程控制程度不强，从业人员无需严格遵守公司劳动管理制度，且对利益分配等事项具有较强议价权的，应当认定双方之间不存在支配性劳动管理，不存在劳动关系。②

---

① 最高人民法院指导性案例238号。
② 最高人民法院指导性案例239号。

> **实务观点**：平台企业或者平台用工合作企业为维护平台正常运营、提供优质服务等进行必要运营管理，但未形成支配性劳动管理的，对于劳动者提出的与该企业之间存在劳动关系的主张，人民法院依法不予支持。[①]

第八条　【用人单位的告知义务和劳动者的说明义务】 用人单位招用劳动者时，应当如实告知劳动者工作内容、工作条件、工作地点、职业危害、安全生产状况、劳动报酬，以及劳动者要求了解的其他情况；用人单位有权了解劳动者与劳动合同直接相关的基本情况，劳动者应当如实说明。

第九条　【用人单位不得扣押劳动者证件和要求提供担保】 用人单位招用劳动者，不得扣押劳动者的居民身份证和其他证件，不得要求劳动者提供担保或者以其他名义向劳动者收取财物。

---

① 最高人民法院指导性案例240号。

第十条 【订立书面劳动合同】建立劳动关系，应当订立书面劳动合同。

已建立劳动关系，未同时订立书面劳动合同的，应当自用工之日起一个月内订立书面劳动合同。

用人单位与劳动者在用工前订立劳动合同的，劳动关系自用工之日起建立。

> **疑难注释**
>
> 自用工之日起 1 个月内，经用人单位书面通知后，劳动者不与用人单位订立书面劳动合同的，用人单位应当书面通知劳动者终止劳动关系，无需向劳动者支付经济补偿，但是应当依法向劳动者支付其实际工作时间的劳动报酬。（参见《劳动合同法实施条例》第 5 条）
>
> 用人单位与劳动者订立电子劳动合同的，要通过电子劳动合同订立平台订立。电子劳动合同订立平台要通过有效的现代信息技术手段提供劳动合同订立、调取、储存、应用等服务，具备身

份认证、电子签名、意愿确认、数据安全防护等能力，确保电子劳动合同信息的订立、生成、传递、储存等符合法律法规规定，满足真实、完整、准确、不可篡改和可追溯等要求。用人单位和劳动者要确保向电子劳动合同订立平台提交的身份信息真实、完整、准确。电子劳动合同订立平台要通过数字证书、联网信息核验、生物特征识别验证、手机短信息验证码等技术手段，真实反映订立人身份和签署意愿，并记录和保存验证确认过程。具备条件的，可使用电子社保卡开展实人实名认证。电子劳动合同经用人单位和劳动者签署可靠的电子签名后生效，并应附带可信时间戳。电子劳动合同订立后，用人单位要以手机短信、微信、电子邮件或者 APP 信息提示等方式通知劳动者电子劳动合同已订立完成。(参见《电子劳动合同订立指引》第 3 条、第 4 条、第 7 条、第 9 条、第 10 条)

船员与船舶所有人之间的劳动合同具有涉外因素，当事人请求依照《涉外民事关系法律适用法》第43条确定应适用的法律的，应予支持。船员与船舶所有人之间的劳务合同，当事人没有选择应适用的法律，当事人主张适用劳务派出地、船舶所有人主营业地、船旗国法律的，应予支持。船员与船员服务机构之间，以及船员服务机构与船舶所有人之间的居间或委托协议，当事人未选择应适用的法律，当事人主张适用与该合同有最密切联系的法律的，应予支持。（参见《最高人民法院关于审理涉船员纠纷案件若干问题的规定》第17条）

实务点拨

实务观点：劳动关系适格主体以"合作经营"等为名订立协议，但协议约定的双方权利义务内容、实际履行情况等符合劳动关系认定标准，劳动者主张与用人单位存在劳动关系的，人民法院应予支持。①

第十一条 【未订立书面劳动合同时劳动报酬不明确的解决】 用人单位未在用工的同时订立书面劳动合同，与劳动者约定的劳动报酬不明确的，新招用的劳动者的劳动报酬按照集体合同规定的标准执行；没有集体合同或者集体合同未规定的，实行同工同酬。

疑难注释

工资分配应当遵循按劳分配原则，实行同工同酬。工资水平在经济发展的基础上逐步提高。国家对工资总量实行宏观调控。（参见《劳动法》第46条）

第十二条 【劳动合同的种类】 劳动合同分为

---

① 最高人民法院指导案例179号。

固定期限劳动合同、无固定期限劳动合同和以完成一定工作任务为期限的劳动合同。

疑难注释

劳动合同期限，是指劳动合同的有效时间，是劳动关系当事人双方享有权利和履行义务的时间。它一般始于劳动合同的生效之日，终于劳动合同的终止之时。

第十三条 【固定期限劳动合同】 固定期限劳动合同，是指用人单位与劳动者约定合同终止时间的劳动合同。

用人单位与劳动者协商一致，可以订立固定期限劳动合同。

疑难注释

劳动合同的期限分为有固定期限、无固定期限和以完成一定的工作为期限。劳动者在同一用人单位连续工作满10年以上，当事人双方同意

续延劳动合同的,如果劳动者提出订立无固定期限的劳动合同,应当订立无固定期限的劳动合同。(参见《劳动法》第20条)

第十四条 【无固定期限劳动合同】 无固定期限劳动合同,是指用人单位与劳动者约定无确定终止时间的劳动合同。

用人单位与劳动者协商一致,可以订立无固定期限劳动合同。有下列情形之一,劳动者提出或者同意续订、订立劳动合同的,除劳动者提出订立固定期限劳动合同外,应当订立无固定期限劳动合同:

(一)劳动者在该用人单位连续工作满十年的;

(二)用人单位初次实行劳动合同制度或者国有企业改制重新订立劳动合同时,劳动者在该用人单位连续工作满十年且距法定退休年龄不足十年的;

(三)连续订立二次固定期限劳动合同,且劳动者没有本法第三十九条和第四十条第一项、第二项规定的情形,续订劳动合同的。

用人单位自用工之日起满一年不与劳动者订立书面劳动合同的，视为用人单位与劳动者已订立无固定期限劳动合同。

疑难注释

《劳动合同法》第14条第2款规定的连续工作满10年的起始时间，应当自用人单位用工之日起计算，包括劳动合同法施行前的工作年限。(参见《劳动合同法实施条例》第9条)

劳动者非因本人原因从原用人单位被安排到新用人单位工作的，劳动者在原用人单位的工作年限合并计算为新用人单位的工作年限。原用人单位已经向劳动者支付经济补偿的，新用人单位在依法解除、终止劳动合同计算支付经济补偿的工作年限时，不再计算劳动者在原用人单位的工作年限。(参见《劳动合同法实施条例》第10条)

除劳动者与用人单位协商一致的情形外，劳动者依照《劳动合同法》第14条第2款的规定，提出订立无固定期限劳动合同的，用人单位应当与其订立无固定期限劳动合同。对劳动合同的内容，双方应当按照合法、公平、平等自愿、协商一致、诚实信用的原则协商确定；对协商不一致的内容，依照《劳动合同法》第18条的规定执行。(参见《劳动合同法实施条例》第11条)

根据《劳动合同法》第14条规定，用人单位应当与劳动者签订无固定期限劳动合同而未签订的，人民法院可以视为双方之间存在无固定期限劳动合同关系，并以原劳动合同确定双方的权利义务关系。(参见《最高人民法院关于审理劳动争议案件适用法律问题的解释（一）》第34条第2款)

有证据证明存在《劳动合同法》第14条第3款规定的"视为用人单位与劳动者已订立无固定期限劳动合同"情形，劳动者请求与用人单位订立书面劳动合同的，人民法院依法予以支持；劳动者以用人单位未及时补订书面劳动合同为由，请求用人单位支付视为已与劳动者订立无固定期限劳动合同期间2倍工资的，人民法院不予支持。(参见《最高人民法院关于审理劳动争议案件适用法律问题的解释（二）》第9条)

有下列情形之一的，人民法院应认定为符合《劳动合同法》第14条第2款第3项"连续订立二次固定期限劳动合同"的规定：(1) 用人单位与劳动者协商延长劳动合同期限累计达到1年以上，延长期限届满的；(2) 用人单位与劳动者约定劳动合同期满后自动续延，续延期限届满的；(3) 劳动者非因本人原因仍在原工作场所、工作岗位工作，用人单位变换劳动合同订立主体，但继续对劳动者进行劳动管理，合同期限届满的；(4) 以其他违反诚信原则的规避行为再次订立劳动合同，期限届满的。(参见《最高人民法院关于审理劳动争议案件适用法律问题的解释（二）》第10条)

用人单位自用工之日起满 1 年未与劳动者订立书面劳动合同，视为自用工之日起满 1 年的当日已经与劳动者订立无固定期限劳动合同。存在前述情形，劳动者以用人单位未订立书面劳动合同为由要求用人单位支付自用工之日起满 1 年之后的第二倍工资的，劳动人事争议仲裁委员会、人民法院不予支持。（参见《人力资源社会保障部、最高人民法院关于劳动人事争议仲裁与诉讼衔接有关问题的意见（一）》第 20 条）

第十五条 【以完成一定工作任务为期限的劳动合同】以完成一定工作任务为期限的劳动合同，是指用人单位与劳动者约定以某项工作的完成为合同期限的劳动合同。

用人单位与劳动者协商一致，可以订立以完成一定工作任务为期限的劳动合同。

疑难注释

一般在以下几种情况下,用人单位与劳动者可以签订以完成一定工作任务为期限的劳动合同:(1)以完成单项工作任务为期限的劳动合同;(2)以项目承包方式完成承包任务的劳动合同;(3)季节性用工的劳动合同;(4)其他双方约定的以完成一定工作任务为期限的劳动合同。

第十六条 【劳动合同的生效】劳动合同由用人单位与劳动者协商一致,并经用人单位与劳动者在劳动合同文本上签字或者盖章生效。

劳动合同文本由用人单位和劳动者各执一份。

疑难注释

劳动合同的建立和生效的区别

	劳动关系的建立	劳动合同的生效
定义	劳动关系的建立是指劳动者与用人单位之间因实际用工而形成的法律关系。	劳动合同生效是指劳动合同在双方当事人签字或盖章后,依法产生法律约束力的状态。
标志	劳动关系的建立以实际用工为标志,即劳动者开始为用人单位提供劳动。	劳动合同生效通常以双方签字或盖章为标志,具体生效时间可能根据合同约定或法律规定确定。
法律意义	劳动关系建立后,劳动者享有劳动法规定的各项权利,用人单位也需承担相应的义务。	劳动合同生效意味着双方必须按照合同约定履行各自的义务,否则将承担违约责任。

	劳动关系的建立	劳动合同的生效
与实际用工的关系	劳动关系的建立必然伴随着实际用工的发生,是劳动合同生效后的实际履行阶段。	劳动合同生效并不一定意味着劳动关系已经建立,因为可能存在合同签订后未实际用工的情况。
违约责任	如果一方在劳动关系建立后不履行劳动义务或违反劳动规定,另一方可以依据劳动法规定追究其责任。	如果一方不履行生效的劳动合同,另一方可以要求其履行或承担违约责任。
法律救济	对于劳动关系建立及履行过程中的争议,同样可以通过劳动争议调解、仲裁或诉讼等途径解决。	对于劳动合同生效方面的争议,可以通过劳动争议调解、仲裁或诉讼等途径解决。

第十七条 【劳动合同的内容】劳动合同应当具备以下条款:

（一）用人单位的名称、住所和法定代表人或者主要负责人；

（二）劳动者的姓名、住址和居民身份证或者其他有效身份证件号码；

（三）劳动合同期限；

（四）工作内容和工作地点；

（五）工作时间和休息休假；

（六）劳动报酬；

（七）社会保险；

（八）劳动保护、劳动条件和职业危害防护；

（九）法律、法规规定应当纳入劳动合同的其他事项。

劳动合同除前款规定的必备条款外，用人单位与劳动者可以约定试用期、培训、保守秘密、补充保险和福利待遇等其他事项。

疑难注释

劳动合同应当以书面形式订立，并具备以下条款：(1) 劳动合同期限；(2) 工作内容；(3) 劳动保护和劳动条件；(4) 劳动报酬；(5) 劳动纪律；(6) 劳动合同终止的条件；(7) 违反劳动合同的责任。劳动合同除前述规定的必备条款外，当事人可以协商约定其他内容。(参见《劳动法》第19条)

用人单位因劳动者违反诚信原则，提供虚假学历证书、个人履历等与订立劳动合同直接相关的基本情况构成欺诈解除劳动合同，劳动者主张解除劳动合同经济补偿或者赔偿金的，劳动人事争议仲裁委员会、人民法院不予支持。(参见《人力资源社会保障部、最高人民法院关于劳动人事争议仲裁与诉讼衔接有关问题的意见(一)》第19条)

实务点拨

实务观点:用人单位与劳动者签订的书面协议中包含工作内容、劳动报酬、劳动合同期限等符合《劳动合同法》第17条规定的劳动合同条款,劳动者以用人单位未订立书面劳动合同为由要求支付第二倍工资的,人民法院不予支持。[①]

第十八条 【劳动合同对劳动报酬和劳动条件约定不明确的解决】 劳动合同对劳动报酬和劳动条件等标准约定不明确,引发争议的,用人单位与劳动者可以重新协商;协商不成的,适用集体合同规定;没有集体合同或者集体合同未规定劳动报酬的,实行同工同酬;没有集体合同或者集体合同未规定劳动条件等标准的,适用国家有关规定。

第十九条 【试用期】 劳动合同期限三个月以上不满一年的,试用期不得超过一个月;劳动合同

---

① 最高人民法院指导案例179号。

期限一年以上不满三年的,试用期不得超过二个月;三年以上固定期限和无固定期限的劳动合同,试用期不得超过六个月。

同一用人单位与同一劳动者只能约定一次试用期。

以完成一定工作任务为期限的劳动合同或者劳动合同期限不满三个月的,不得约定试用期。

试用期包含在劳动合同期限内。劳动合同仅约定试用期的,试用期不成立,该期限为劳动合同期限。

疑难注释

劳动合同可以约定试用期。试用期最长不得超过6个月。(参见《劳动法》第21条)

图解法律

<3个月	3个月-1年	1年-3年	≥3年/无固定期限
不得约定试用期	≤1个月	≤2个月	≤6个月
非全日制/任务制合同禁用	工资≥正式工资80%或当地最低标准	同一用人单位只能约定一次	解除需提前3日通知

第二十条 【试用期工资】 劳动者在试用期的工资不得低于本单位相同岗位最低档工资或者劳动合同约定工资的百分之八十，并不得低于用人单位所在地的最低工资标准。

疑难注释

国家实行最低工资保障制度。最低工资的具体标准由省、自治区、直辖市人民政府规定，报国务院备案。用人单位支付劳动者的工资不得低

于当地最低工资标准。(参见《劳动法》第48条)

用人单位低于当地最低工资标准支付劳动者工资的,由劳动行政部门责令支付劳动者的工资报酬、经济补偿,并可以责令支付赔偿金。(参见《劳动法》第91条第3项)

劳动者在试用期的工资不得低于本单位相同岗位最低档工资的80%或者不得低于劳动合同约定工资的80%,并不得低于用人单位所在地的最低工资标准。(参见《劳动合同法实施条例》第15条)

第二十一条　【试用期内解除劳动合同】在试用期中,除劳动者有本法第三十九条和第四十条第一项、第二项规定的情形外,用人单位不得解除劳动合同。用人单位在试用期解除劳动合同的,应当向劳动者说明理由。

第二十二条　【服务期】用人单位为劳动者提供专项培训费用,对其进行专业技术培训的,可以与该劳动者订立协议,约定服务期。

劳动者违反服务期约定的,应当按照约定向用人单位支付违约金。违约金的数额不得超过用人单位提供的培训费用。用人单位要求劳动者支付的违约金不得超过服务期尚未履行部分所应分摊的培训费用。

用人单位与劳动者约定服务期的,不影响按照正常的工资调整机制提高劳动者在服务期期间的劳动报酬。

疑难注释

《劳动合同法》第22条第2款规定的培训费用,包括用人单位为了对劳动者进行专业技术培训而支付的有凭证的培训费用、培训期间的差旅费用以及因培训产生的用于该劳动者的其他直接费用。(参见《劳动合同法实施条例》第16条)

劳动合同期满,但是用人单位与劳动者依照《劳动合同法》第22条的规定约定的服务期尚未到期的,劳动合同应当续延至服务期满;双方另

有约定的,从其约定。(参见《劳动合同法实施条例》第 17 条)

除向劳动者支付正常劳动报酬外,用人单位与劳动者约定服务期限并提供特殊待遇,劳动者违反约定提前解除劳动合同且不符合《劳动合同法》第 38 条规定的单方解除劳动合同情形时,用人单位请求劳动者承担赔偿损失责任的,人民法院可以综合考虑实际损失、当事人的过错程度、已经履行的年限等因素确定劳动者应当承担的赔偿责任。(参见《最高人民法院关于审理劳动争议案件适用法律问题的解释(二)》第 12 条)

第二十三条 【保密义务和竞业限制】用人单位与劳动者可以在劳动合同中约定保守用人单位的商业秘密和与知识产权相关的保密事项。

对负有保密义务的劳动者,用人单位可以在劳动合同或者保密协议中与劳动者约定竞业限制条款,并约定在解除或者终止劳动合同后,在竞业限制期限内按月给予劳动者经济补偿。劳动者违反竞业限制约定的,应当按照约定向用人单位支付违约金。

疑难注释

商业秘密,是指不为公众所知悉、能为权利人带来经济利益,具有实用性并经权利人采取保密措施的技术信息和经营信息。因此,商业秘密包括两部分:技术信息和经营信息。如生产配方、工艺流程、技术诀窍、设计图纸等技术信息;管理方法、产销策略、客户名单、货源情报等经营信息。获得商业秘密的合法手段包括:独立开发获得;合法购买;从公开渠道观察获得;合法接受许可获得及通过反向工程获得等。

劳动合同当事人可以在劳动合同中约定保守用人单位商业秘密的有关事项。(参见《劳动法》第22条)

劳动者违反《劳动法》规定的条件解除劳动合同或者违反劳动合同中约定的保密事项,对

用人单位造成经济损失的，应当依法承担赔偿责任。（参见《劳动法》第102条）

当事人在劳动合同或者保密协议中约定了竞业限制，但未约定解除或者终止劳动合同后给予劳动者经济补偿，劳动者履行了竞业限制义务，要求用人单位按照劳动者在劳动合同解除或者终止前12个月平均工资的30%按月支付经济补偿的，人民法院应予支持。前述规定的月平均工资的30%低于劳动合同履行地最低工资标准的，按照劳动合同履行地最低工资标准支付。（参见《最高人民法院关于审理劳动争议案件适用法律问题的解释（一）》第36条）

当事人在劳动合同或者保密协议中约定了竞业限制和经济补偿，当事人解除劳动合同时，除另有约定外，用人单位要求劳动者履行竞业限制义务，或者劳动者履行了竞业限制义务后要求用人单位支付经济补偿的，人民法院应予支持。（参

见《最高人民法院关于审理劳动争议案件适用法律问题的解释（一）》第37条）

在竞业限制期限内，用人单位请求解除竞业限制协议的，人民法院应予支持。在解除竞业限制协议时，劳动者请求用人单位额外支付劳动者3个月的竞业限制经济补偿的，人民法院应予支持。(参见《最高人民法院关于审理劳动争议案件适用法律问题的解释（一）》第39条）

劳动者未知悉、接触用人单位的商业秘密和与知识产权相关的保密事项，劳动者请求确认竞业限制条款不生效的，人民法院依法予以支持。竞业限制条款约定的竞业限制范围、地域、期限等内容与劳动者知悉、接触的商业秘密和与知识产权相关的保密事项不相适应，劳动者请求确认竞业限制条款超过合理比例部分无效的，人民法院依法予以支持。(参见《最高人民法院关于审理劳动争议案件适用法律问题的解释（二）》第13条）

用人单位与高级管理人员、高级技术人员和其他负有保密义务的人员约定在职期间竞业限制条款，劳动者以不得约定在职期间竞业限制、未支付经济补偿为由请求确认竞业限制条款无效的，人民法院不予支持。（参见《最高人民法院关于审理劳动争议案件适用法律问题的解释（二）》第14条）

劳动者违反有效的竞业限制约定，用人单位请求劳动者按照约定返还已经支付的经济补偿并支付违约金的，人民法院依法予以支持。（参见《最高人民法院关于审理劳动争议案件适用法律问题的解释（二）》第15条）

当事人在劳动合同或者保密协议中约定了竞业限制和经济补偿，劳动合同解除或者终止后，因用人单位的原因导致3个月未支付经济补偿，劳动者请求解除竞业限制约定的，劳动人事争议仲裁委员会、人民法院应予支持。（参见《人力资源社会保障部、最高人民法院关于劳动人事争议仲裁与诉讼衔接有关问题的意见（一）》第21条）

实务点拨

劳动者负有的竞业限制义务应与其知悉的商业秘密和与知识产权相关的保密事项范围相适应

实务观点： 审理法院认为，首先，根据立法目的，劳动者的竞业限制范围应限于竞业限制制度保护事项的必要范围之内，应与劳动者知悉的关联方的商业秘密和与知识产权相关的保密事项范围相适应。某甲医药公司与郑某约定的不竞争的主体包括关联公司某乙医药公司。郑某仅接触过某乙医药公司两款药物的保密信息，其负有的不竞争义务应当限于上述两款药物。其次，竞业限制纠纷案件中，有竞争关系的其他用人单位应指能够提供具有较为紧密替代关系的产品或者服务的其他用人单位。就生物医药公司的竞争关系而言，应根据经营的药品适应症、作用机理、临床用药方案等，在判断药品之间可替代性的基础上进行认定。对比郑某入职的某生物公司的产品与某甲医药公司的产品、某乙医药公司的上述两款药物，虽然均包括癌症治疗产品，但从适应症和用药方案上看，不具有可替代性。审理法院据此认定，郑某入职的公司不属于与某甲医药公司或者其关联方经营同类产品、从事同类业务的有竞争关系的其他用人单位，判决驳回某甲医药公司的全部诉讼请求。

典型意义：人才是中国式现代化的基础性、战略性支撑之一。《中共中央关于进一步全面深化改革、推进中国式现代化的决定》提出"完善人才有序流动机制"。《劳动合同法》规定竞业限制制度，主要是为了保护用人单位的商业秘密和与知识产权相关的保密事项，防止不正当竞争，并不限制人才有序流动。人民法院在审理竞业限制纠纷案件过程中，要衡平好劳动者自主择业与市场公平竞争之间的关系，促进人才有序流动和合理配置。本案中，劳动者属于竞业限制人员。人民法院在双方约定的竞业限制范围包括用人单位关联公司的情况下,将劳动者负有的竞业限制义务限制在劳动者知悉的关联方商业秘密和与知识产权相关的保密事项范围内。同时,在根据当事人申请准许具有专门知识的人到庭,辅助查明相关药物的技术原理、适应症、用药方案以及劳动者新入职单位与原单位经营的产品不具有较为紧密的替代关系的基础上,准确认定两公司没有竞争关系,有效保障高技术人才的有序流动。[1]

第二十四条 【竞业限制的范围和期限】 竞业限制的人员限于用人单位的高级管理人员、高级技术人员和其他负有保密义务的人员。竞业限制的范

---

[1] 《最高法发布劳动争议典型案例》,案例四:劳动者负有的竞业限制义务应与其知悉的商业秘密和与知识产权相关的保密事项范围相适应——某甲医药公司与郑某竞业限制纠纷案,载最高人民法院网,https://www.court.gov.cn/zixun/xiangqing/472681.html,最后访问时间:2025年8月4日。

围、地域、期限由用人单位与劳动者约定，竞业限制的约定不得违反法律、法规的规定。

在解除或者终止劳动合同后，前款规定的人员到与本单位生产或者经营同类产品、从事同类业务的有竞争关系的其他用人单位，或者自己开业生产或者经营同类产品、从事同类业务的竞业限制期限，不得超过二年。

实务点拨

主体不适格，竞业限制条款无效

实务观点：本案的争议焦点是李某是否为履行竞业限制义务的适格主体。《劳动合同法》第23条第1款规定，用人单位与劳动者可以在劳动合同中约定保守用人单位的商业秘密和与知识产权相关的保密事项。第23条第2款规定，对负有保密义务的劳动者，用人单位可以在劳动合同或者保密协议中与劳动者约定竞业限制条款，并约定在解除或者终止劳动合同后，在竞业限制期限内按月给予劳动者经济补偿。劳动者违反竞业限制约定的，应当按照约定向用人单位支付违约金。第24条第1款规定，竞业限制的人员限于用人单位的高级管理人员、高级技术人员和其他负有保密义务的人员。前两条款正向规定用人单位有权利与"负有保密义务的劳动者"约定离职后竞业限制条款，后一条款反向限定竞业限制的人员范围仅限于"高级管理人员、高级技术人员和其他负有保密义务的人员"。因此，用人单位与"高级管理人员、高级技术人员"以外的其他劳动者约定竞业限制条款，应当以该劳动者负有保密义务为前提，即劳动者在用人单位的职务或岗位足以使他们知悉用人单位的商业秘密和与知识产权相关的保密事项。本案中，李某的主要职责为每日到商业楼宇街区开展日常巡逻安保工作，其所在的保安岗位明显难以知悉某保安公司的商业秘密和与知识产权相关的保密事项，某保安公司亦无证据证明李某具有接触公司商业秘密等保密事项的可能，因此李某不是竞业限制义务的适格主体。某保安公司与李某约定竞业限制条款，不符合《劳动合同法》第23条、第24条关于竞业限制义务适格主体的规定。因此，竞业限制条款对双方不具有约束力，对某保安公司要求李某支付竞业限制违约金的请求，仲裁委员会不予支持。

典型意义：竞业限制是在劳动立法中保护用人单位商业秘密的一项制度安排，本意是通过适度限制劳动者自由择业权以预防保护用人单位的商业秘密，进而维护市场主体的公平竞争环境。但当前一些行业、企业出现了用人单位滥用竞业限制条款限制劳动者就业权利的情况，侵害了劳动者合法权益，影响了人力资源合理流动，损害了正常的营商环境。各级裁审机构在处理竞业限制争议时应当坚持统筹处理好促进企业发展和维护职工权益关系的原则，对竞业限制条款进行实质性审查，既要保护用人单位的商业秘密等合法权益，又要防止因不适当扩大竞业限制范围而妨碍劳动者的择业自由；既要注重平衡市场主体的利益关系，又要维护公平竞争的市场经济秩序，最大限度地实现竞业限制制度的设立初衷。[1]

劳动者违反在职竞业限制义务约定，应依法承担违约责任

实务观点： 审理法院认为，黄某与某纺织公司订立《保守商业秘密及竞业限制协议》，约定合同期内不得自营或者为他人经营与某纺织

---

[1] 《人社部、最高法联合发布第四批劳动人事争议典型案例》，案例5. 主体不适格，竞业限制条款是否有效，载最高人民法院网，https://www.court.gov.cn/zixun/xiangqing/462311.html，最后访问时间：2025年8月4日。

公司有竞争关系的业务，否则应承担相应的违约责任。黄某作为销售经理，掌握客户信息，其与某纺织公司所订协议系双方当事人真实意思表示，内容不违反法律、行政法规的强制性规定，双方均应依约履行。黄某在订立协议后多次自行联系其他供货商向某纺织公司的客户出售布匹，所得货款归己所有，此属于自营与某纺织公司有竞争关系业务的行为，违反了协议约定。审理法院判决黄某依法向某纺织公司承担违约责任。

典型意义：忠实义务包含竞业限制义务。实践中，竞业限制人员自营或者为他人经营与用人单位有竞争关系的业务，会对用人单位造成较大损害。用人单位为维护自身合法权益，与竞业限制人员以书面协议形式依法约定在职期间负有竞业限制义务的，劳动者应依约履行。本案中，人民法院判决违反在职期间竞业限制义务的劳动者依法承担违约责任,有利于引导劳动者自觉遵守法律法规、职业道德,不得为了个人利益而牺牲用人单位利益,对于促进用人单位经营发展具有积极作用。①

第二十五条 【违约金】除本法第二十二条和第二十三条规定的情形外,用人单位不得与劳动者约定由劳动者承担违约金。

疑难注释

违约金,是指合同当事人约定在一方不履行合同时向另一方支付一定数额的货币。在劳动合同中,只允许就劳动者保守商业秘密事项和服务

---

① 《最高法发布劳动争议典型案例》,案例五:劳动者违反在职竞业限制义务约定,应依法承担违约责任——黄某与某纺织公司竞业限制纠纷案,载最高人民法院网,https://www.court.gov.cn/zixun/xiangqing/472681.html,最后访问时间:2025年8月4日。

期事项约定违约金，除此之外，用人单位不得与劳动者约定由劳动者承担的违约金。

第二十六条 【劳动合同的无效】 下列劳动合同无效或者部分无效：

（一）以欺诈、胁迫的手段或者乘人之危，使对方在违背真实意思的情况下订立或者变更劳动合同的；

（二）用人单位免除自己的法定责任、排除劳动者权利的；

（三）违反法律、行政法规强制性规定的。

对劳动合同的无效或者部分无效有争议的，由劳动争议仲裁机构或者人民法院确认。

疑难注释

下列劳动合同无效：（1）违反法律、行政法规的劳动合同；（2）采取欺诈、威胁等手段订立的劳动合同。无效的劳动合同,从订立的时候起,就没有法律约束力。确认劳动合同部分无效的,如果不影响其余部分的效力,其余部分仍然有效。劳动合同的无效,由劳动争议仲裁委员会或者人民法院确认。(参见《劳动法》第18条)

实务点拨

劳动者拒绝违法超时加班安排,用人单位不得解除劳动合同

实务观点:为确保劳动者休息权的实现,我国法律对延长工作时间的上限予以明确规定。用人单位制定违反法律规定的加班制度,在劳动合同中与劳动者约定违反法律规定的加班条款,均应认定为无效。本案中,某快递公司规章制度中"工作时间为早9时至晚9时,每周工作6天"的内容,严重违反法律关于延长工作时间上限的规定，应认定为无效。张某拒绝违法超时加班安排，系维护自己合法权益，不能据此认定其在试用期间被证明不符合录用条件。故仲裁委员会依法裁决某快递公司支付张某违法解除劳动合同赔偿金。

典型意义：《劳动法》第4条规定："用人单位应当依法建立和完善规章制度，保障劳动者享有劳动权利和履行劳动义务。"法律在支持用人单位依法行使管理职权的同时，也明确其必须履行保障劳动者权利的义务。用人单位的规章制度以及相应工作安排必须符合法律、行政法规的规定，否则既要承担违法后果，也不利于构建和谐稳定的劳动关系、促进自身健康发展。①

---

① 《劳动人事争议典型案例（第二批）》，案例1. 劳动者拒绝违法超时加班安排，用人单位能否解除劳动合同，载最高人民法院网，https://www.court.gov.cn/zixun/xiangqing/319151.html，最后访问时间：2025年8月4日。

第二十七条 【劳动合同部分无效】劳动合同部分无效,不影响其他部分效力的,其他部分仍然有效。

第二十八条 【劳动合同无效后劳动报酬的支付】劳动合同被确认无效,劳动者已付出劳动的,用人单位应当向劳动者支付劳动报酬。劳动报酬的数额,参照本单位相同或者相近岗位劳动者的劳动报酬确定。

疑难注释

劳动合同被确认为无效,劳动者已付出劳动的,用人单位应当按照《劳动合同法》第28条、第46条、第47条的规定向劳动者支付劳动报酬和经济补偿。由于用人单位原因订立无效劳动合同,给劳动者造成损害的,用人单位应当赔偿劳动者因合同无效所造成的经济损失。(参见《最高人民法院关于审理劳动争议案件适用法律问题的解释(一)》第41条)

第三章　劳动合同的履行和变更

第二十九条　【劳动合同的履行】用人单位与劳动者应当按照劳动合同的约定,全面履行各自的义务。

第三十条　【劳动报酬】用人单位应当按照劳动合同约定和国家规定,向劳动者及时足额支付劳动报酬。

用人单位拖欠或者未足额支付劳动报酬的,劳动者可以依法向当地人民法院申请支付令,人民法院应当依法发出支付令。

疑难注释

用人单位在生产过程中支付给劳动者的全部报酬包括三部分:一是货币工资,用人单位以货币形式直接支付给劳动者的各种工资、奖金、津贴、补贴等;二是实物报酬,即用人单位以免费或低于成本价提供给劳动者的各种物品和服务等;

三是社会保险，是指用人单位为劳动者直接向政府和保险部门支付的失业、养老、工伤、医疗、生育等保险金。

工资应当以货币形式按月支付给劳动者本人。不得克扣或者无故拖欠劳动者的工资。(参见《劳动法》第50条)

劳动者依据《劳动合同法》第30条第2款和《劳动争议调解仲裁法》第16条规定向人民法院申请支付令，符合《民事诉讼法》第17章督促程序规定的，人民法院应予受理。依据《劳动合同法》第30条第2款规定申请支付令被人民法院裁定终结督促程序后，劳动者就劳动争议事项直接提起诉讼的，人民法院应当告知其先向劳动争议仲裁机构申请仲裁。依据《劳动争议调解仲裁法》第16条规定申请支付令被人民法院裁定终结督促程序后，劳动者依据调解协议直接提起诉讼的，人民法院应予受理。(参见

《最高人民法院关于审理劳动争议案件适用法律问题的解释（一）》第13条）

第三十一条 【加班】 用人单位应当严格执行劳动定额标准，不得强迫或者变相强迫劳动者加班。用人单位安排加班的，应当按照国家有关规定向劳动者支付加班费。

疑难注释

国家实行劳动者每日工作时间不超过8小时、平均每周工作时间不超过44小时的工时制度。(参见《劳动法》第36条)

全体公民放假的节日：(1) 元旦，放假1天(1月1日)；(2) 春节，放假4天(农历除夕、正月初一至初三)；(3) 清明节，放假1天(农历清明当日)；(4) 劳动节，放假2天(5月1日、2日)；(5) 端午节，放假1天(农历端午当日)；

(6) 中秋节，放假1天（农历中秋当日）；(7) 国庆节，放假3天（10月1日至3日）。(参见《全国年节及纪念日放假办法》第2条)

劳动者主张加班费的，应当就加班事实的存在承担举证责任。但劳动者有证据证明用人单位掌握加班事实存在的证据，用人单位不提供的，由用人单位承担不利后果。(参见《最高人民法院关于审理劳动争议案件适用法律问题的解释（一）》第42条)

实务点拨

劳动者与用人单位订立的放弃加班费协议无效

实务观点：加班费是劳动者延长工作时间的工资报酬，《劳动法》第44条、《劳动合同法》第31条明确规定了用人单位支付劳动者加班费的责任。约定放弃加班费的协议免除了用人单位的法定责任、排除了劳动者的权利，显失公平，应认定无效。本案中，某科技公司利用在订立劳动合同时的主导地位，要求张某在其单方制定的格式条款上签字放弃加班费，既违反法律规定，也违背公平原则，侵害了张某工资报酬权益。故仲裁委员会依法裁决某科技公司支付张某加班费。

典型意义：崇尚奋斗无可厚非，但不能成为用人单位规避法定责任的挡箭牌。谋求企业发展、塑造企业文化都必须守住不违反法律规定、不侵害劳动者合法权益的底线，应在坚持按劳分配原则的基础上，通过科学合理的措施激发劳动者的主观能动性和创造性，统筹促进企业发展与维护劳动者权益。[1]

---

[1] 《劳动人事争议典型案例（第二批）》，案例 2. 劳动者与用人单位订立放弃加班费协议，能否主张加班费，载最高人民法院网，https://www.court.gov.cn/zixun/xiangqing/319151.html，最后访问时间：2025 年 8 月 4 日。

第三十二条 【劳动者拒绝违章指挥、强令冒险作业】劳动者拒绝用人单位管理人员违章指挥、强令冒险作业的,不视为违反劳动合同。

劳动者对危害生命安全和身体健康的劳动条件,有权对用人单位提出批评、检举和控告。

疑难注释

强令他人违章冒险作业,或者明知存在重大事故隐患而不排除,仍冒险组织作业,因而发生重大伤亡事故或者造成其他严重后果的,处5年以下有期徒刑或者拘役;情节特别恶劣的,处5年以上有期徒刑。(参见《刑法》第134条第2款)

第三十三条 【用人单位名称、法定代表人等的变更】用人单位变更名称、法定代表人、主要负责人或者投资人等事项,不影响劳动合同的履行。

疑难注释

劳动者在用人单位与其他平等主体之间的承包经营期间,与发包方和承包方双方或者一方发生劳动争议,依法提起诉讼的,应当将承包方和发包方作为当事人。(参见《最高人民法院关于审理劳动争议案件适用法律问题的解释(一)》第28条)

劳动者与未办理营业执照、营业执照被吊销或者营业期限届满仍继续经营的用人单位发生争议的,应当将用人单位或者其出资人列为当事人。(参见《最高人民法院关于审理劳动争议案件适用法律问题的解释(一)》第29条)

未办理营业执照、营业执照被吊销或者营业期限届满仍继续经营的用人单位,以挂靠等方式借用他人营业执照经营的,应当将用人单位和营业执照出借方列为当事人。(参见《最高人民法院关于审理劳动争议案件适用法律问题的解释(一)》第30条)

船舶所有人以被挂靠单位的名义对外经营,船舶所有人未与船员签订书面劳动合同,其聘用的船员因工伤亡,船员主张被挂靠单位为承担工伤保险责任的单位的,应予支持。船舶所有人与船员成立劳动关系的除外。(参见《最高人民法院关于审理涉船员纠纷案件若干问题的规定》第4条)

第三十四条 【用人单位合并或者分立】用人单位发生合并或者分立等情况,原劳动合同继续有效,劳动合同由承继其权利和义务的用人单位继续履行。

疑难注释

用人单位与其他单位合并的,合并前发生的劳动争议,由合并后的单位为当事人;用人单位分立为若干单位的,其分立前发生的劳动争议,由分立后的实际用人单位为当事人。用人单位分立为若干单位后,具体承受劳动权利义务的单位不明确的,分立后的单位均为当事人。(参见《最高人民法院关于审理劳动争议案件适用法律问题的解释(一)》第26条)

第三十五条 【劳动合同的变更】用人单位与劳动者协商一致,可以变更劳动合同约定的内容。变更劳动合同,应当采用书面形式。

变更后的劳动合同文本由用人单位和劳动者各执一份。

疑难注释

订立和变更劳动合同,应当遵循平等自愿、协商一致的原则,不得违反法律、行政法规的规定。劳动合同依法订立即具有法律约束力,当事人必须履行劳动合同规定的义务。(参见《劳动

第三章 劳动合同的履行和变更

法》第 17 条)

用人单位与劳动者协商一致变更劳动合同,虽未采用书面形式,但已经实际履行了口头变更的劳动合同超过 1 个月,变更后的劳动合同内容不违反法律、行政法规且不违背公序良俗,当事人以未采用书面形式为由主张劳动合同变更无效的,人民法院不予支持。(参见《最高人民法院关于审理劳动争议案件适用法律问题的解释(一)》第 43 条)

实务点拨

用人单位未与劳动者协商一致

增加工作任务,劳动者有权拒绝

实务观点:劳动合同是明确用人单位和劳动者权利义务的书面协议,未经变更,双方均应严格按照约定履行,特别是涉及工作时间等劳动定额标准的内容。本案中，某报刊公司超出合理限度大幅增加张某的工作任务，应视为变更劳动合同约定的内容，违反了关于"协商一致"变更劳动合同的法律规定，已构成变相强迫劳动者加班。因此，张某有权依法拒绝上述安排。某报刊公司以张某不服从工作安排为由与其解除劳动合同不符合法律规定。故仲裁委员会依法裁决某报刊公司支付张某违法解除劳动合同赔偿金。

典型意义：允许用人单位与劳动者协商一致变更劳动合同，有利于保障用人单位根据生产经营需要合理调整用工安排的权利。但要注意的是，变更劳动合同要遵循合法、公平、平等自愿、协商一致、诚实信用的原则。工作量、工作时间的变更直接影响劳动者休息权的实现，用人单位对此进行大幅调整，应与劳动者充分协商，而不应采取强迫或者变相强迫的方式，更不得违反相关法律规定。①

---

① 《劳动人事争议典型案例（第二批）》，案例 5. 用人单位未与劳动者协商一致增加工作任务，劳动者是否有权拒绝，载最高人民法院网，https://www.court.gov.cn/zixun/xiangqing/319151.html，最后访问时间：2025 年 8 月 4 日。

第四章 劳动合同的解除和终止

第三十六条 【协商解除劳动合同】 用人单位与劳动者协商一致,可以解除劳动合同。

疑难注释

劳动合同的解除,是指劳动合同在订立以后,尚未履行完毕或者未全部履行以前,合同双方或者单方的法律行为导致双方当事人提前消灭劳动关系的法律行为。

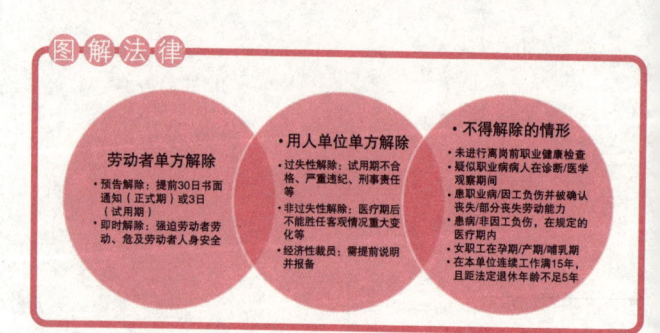

图解法律

劳动者单方解除
- 预告解除:提前30日书面通知(正式期)或3日(试用期)
- 即时解除:强迫劳动者劳动、危及劳动者人身安全

用人单位单方解除
- 过失性解除:试用期不合格、严重违纪、刑事责任等
- 非过失性解除:医疗期后不能胜任客观情况重大变化等
- 经济性裁员:需提前说明并报备

不得解除的情形
- 未进行离岗前职业健康检查
- 疑似职业病病人在诊断/医学观察期间
- 患职业病/因工负伤并被确认丧失/部分丧失劳动能力
- 患病/非因工负伤,在规定的医疗期内
- 女职工在孕期/产期/哺乳期
- 在本单位连续工作满15年,且距法定退休年龄不足5年

第三十七条 【劳动者提前通知解除劳动合同】 劳动者提前三十日以书面形式通知用人单位，可以解除劳动合同。劳动者在试用期内提前三日通知用人单位，可以解除劳动合同。

第三十八条 【劳动者解除劳动合同】 用人单位有下列情形之一的，劳动者可以解除劳动合同：

（一）未按照劳动合同约定提供劳动保护或者劳动条件的；

（二）未及时足额支付劳动报酬的；

（三）未依法为劳动者缴纳社会保险费的；

（四）用人单位的规章制度违反法律、法规的规定，损害劳动者权益的；

（五）因本法第二十六条第一款规定的情形致使劳动合同无效的；

（六）法律、行政法规规定劳动者可以解除劳动合同的其他情形。

用人单位以暴力、威胁或者非法限制人身自由的手段强迫劳动者劳动的，或者用人单位违章指挥、强令冒险作业危及劳动者人身安全的，劳动者可以立即解除劳动合同,不需事先告知用人单位。

疑难注释

有下列情形之一的,依照《劳动合同法》规定的条件、程序,劳动者可以与用人单位解除固定期限劳动合同、无固定期限劳动合同或者以完成一定工作任务为期限的劳动合同:(1)劳动者与用人单位协商一致的;(2)劳动者提前30日以书面形式通知用人单位的;(3)劳动者在试用期内提前3日通知用人单位的;(4)用人单位未按照劳动合同约定提供劳动保护或者劳动条件的;(5)用人单位未及时足额支付劳动报酬的;(6)用人单位未依法为劳动者缴纳社会保险费的;(7)用人单位的规章制度违反法律、法规的规定,损害劳动者权益的;(8)用人单位以欺诈、胁迫的手段或者乘人之危,使劳动者在违背真实意思的情况下订立或者变更劳动合同的;(9)用人单位在劳动合同中免除自己的法定责任、排除劳动者权利的;(10)用人单位违反法律、行政法规强制性规定的;(11)用人单位以暴力、威胁或者非法限制人身自由的手段强迫劳动者劳动的;(12)用人单位违章指挥、强令冒险作业危及劳动者人身安全的;(13)法律、行政法规规定劳动者可以解除劳动合同的其他情形。(参见《劳动合同法实施条例》第18条)

用人单位有下列情形之一,迫使劳动者提出解除劳动合同的,用人单位应当支付劳动者的劳动报酬和经济补偿,并可支付赔偿金:(1)以暴力、威胁或者非法限制人身自由的手段强迫劳动的;(2)未按照劳动合同约定支付劳动报酬或者提供劳动条件的;(3)克扣或者无故拖欠劳动者工资的;(4)拒不支付劳动者延长工作时间工资报酬的;(5)低于当地最低工资标准支付劳动者工资的。(参见《最高人民法院关于审理劳动争议案件适用法律问题的解释(一)》第45条)

劳动者非因本人原因从原用人单位被安排到新用人单位工作，原用人单位未支付经济补偿，劳动者依据《劳动合同法》第38条规定与新用人单位解除劳动合同，或者新用人单位向劳动者提出解除、终止劳动合同，在计算支付经济补偿或赔偿金的工作年限时，劳动者请求把在原用人单位的工作年限合并计算为新用人单位工作年限的，人民法院应予支持。用人单位符合下列情形之一的，应当认定属于"劳动者非因本人原因从原用人单位被安排到新用人单位工作"：(1) 劳动者仍在原工作场所、工作岗位工作，劳动合同主体由原用人单位变更为新用人单位；(2) 用人单位以组织委派或任命形式对劳动者进行工作调动；(3) 因用人单位合并、分立等原因导致劳动者工作调动；(4) 用人单位及其关联企业与劳动者轮流订立劳动合同；(5) 其他合理情形。(参见《最高人民法院关于审理劳动争议案件适用法律问题的解释（一）》第46条)

用人单位与劳动者约定或者劳动者向用人单位承诺无需缴纳社会保险费的,人民法院应当认定该约定或者承诺无效。用人单位未依法缴纳社会保险费,劳动者根据《劳动合同法》第38条第1款第3项规定请求解除劳动合同、由用人单位支付经济补偿的,人民法院依法予以支持。有前述规定情形,用人单位依法补缴社会保险费后,请求劳动者返还已支付的社会保险费补偿的,人民法院依法予以支持。(参见《最高人民法院关于审理劳动争议案件适用法律问题的解释(二)》第19条)

实务点拨

有关不缴纳社会保险费的约定无效,劳动者以此为由解除劳动合同时有权请求用人单位支付经济补偿

实务观点: 审理法院认为,缴纳社会保险费是用人单位和劳动者的法定义务,除法律规定的事由外,不因双方约定而免除,双方有关不缴纳社会保险费的约定无效。某保安公司未依法为朱某缴纳社会保险费,朱某以此为由解除劳动合同,符合用人单位应当支付经济补偿的法定情形。审理法院判决某保安公司支付朱某解除劳动合同的经济补偿。

典型意义:依法参加社会保险是用人单位和劳动者的法定义务。人民法院在本案中明确了用人单位与劳动者有关不缴纳社会保险费的约定因违法而无效的规则。若用人单位与劳动者订立此类协议、以补助等形式发放社会保险费,劳动者可以用人单位未依法缴纳社会保险费为由提出解除劳动合同,用人单位要承担支付经济补偿的责任。此规则有助于督促用人单位通过依法缴纳社会保险费的方式分散用工风险,引导劳动者关注长远利益,充分发挥社会保险制度保障和改善民生的作用。[1]

第三十九条 【用人单位单方解除劳动合同】

劳动者有下列情形之一的,用人单位可以解除劳动合同:

(一)在试用期间被证明不符合录用条件的;

(二)严重违反用人单位的规章制度的;

(三)严重失职,营私舞弊,给用人单位造成重大损害的;

(四)劳动者同时与其他用人单位建立劳动关系,对完成本单位的工作任务造成严重影响,或者经用人单位提出,拒不改正的;

(五)因本法第二十六条第一款第一项规定的情

---

[1] 《最高法发布劳动争议典型案例》,案例六:有关不缴纳社会保险费的约定无效,劳动者以此为由解除劳动合同时有权请求用人单位支付经济补偿——朱某与某保安公司劳动争议案,载最高人民法院网,https://www.court.gov.cn/zixun/xiangqing/472681.html,最后访问时间:2025年8月4日。

形致使劳动合同无效的；

（六）被依法追究刑事责任的。

疑难注释

有下列情形之一的，依照《劳动合同法》规定的条件、程序，用人单位可以与劳动者解除固定期限劳动合同、无固定期限劳动合同或者以完成一定工作任务为期限的劳动合同：（1）用人单位与劳动者协商一致的；（2）劳动者在试用期间被证明不符合录用条件的；（3）劳动者严重违反用人单位的规章制度的；（4）劳动者严重失职，营私舞弊，给用人单位造成重大损害的；（5）劳动者同时与其他用人单位建立劳动关系，对完成本单位的工作任务造成严重影响，或者经用人单位提出，拒不改正的；（6）劳动者以欺诈、胁迫的手段或者乘人之危，使用人单位在违背真实意思的情况下订立或者变更劳动合同的；（7）劳动者被依法追究刑事责任的；（8）劳动者患病或者非因工负伤,在规定的医疗期满后不能从事原工作,也不能从事由用人单位另行安排的工作的;(9)劳动者不能胜任工作,经过培训或者调整工作岗位,仍不能胜任工作的;(10)劳动合同订立时所依据的客观情况发生重大变化,致使劳动合同无法履行,经用人单位与劳动者协商,未能就变更劳动合同内容达成协议的;(11)用人单位依照企业破产法规定进行重整的;(12)用人单位生产经营发生严重困难的;(13)企业转产、重大技术革新或者经营方式调整,经变更劳动合同后,仍需裁减人员的;(14)其他因劳动合同订立时所依据的客观经济情况发生重大变化,致使劳动合同无法履行的。(参见《劳动合同法实施条例》第19条)

企业、事业单位、社会组织处分职工,工会认为不适当的,有权提出意见。用人单位单方面解除职工劳动合同时,应当事先将理由通知工会,工会认为用人单位违反法律、法规和有关合同，要求重新研究处理时，用人单位应当研究工会的意见，并将处理结果书面通知工会。职工认为用人单位侵犯其劳动权益而申请劳动争议仲裁或者向人民法院提起诉讼的，工会应当给予支持和帮助。（参见《工会法》第22条）

实务点拨

实务观点：人民法院在判断用人单位单方解除劳动合同行为的合法性时，应当以用人单位向劳动者发出的解除通知的内容为认定依据。在案件审理过程中，用人单位超出解除劳动合同通知中载明的依据及事由，另行提出劳动者在履行劳动合同期间存在其他严重违反用人单位规章制度的情形，并据此主张符合解除劳动合同条件的，人民法院不予支持。[1]

实务观点：用人单位的管理人员对被性骚扰员工的投诉，应采取合理措施进行处置。管理人员未采取合理措施或者存在纵容性骚扰行为、干扰对性骚扰行为调查等情形，用人单位以管理人员未尽岗位职责，严重违反规章制度为由解除劳动合同，管理人员主张解除劳动合同违法的，人民法院不予支持。[2]

第四十条 【无过失性辞退】 有下列情形之一的，用人单位提前三十日以书面形式通知劳动者本人或者额外支付劳动者一个月工资后，可以解除劳动合同：

（一）劳动者患病或者非因工负伤，在规定的医疗期满后不能从事原工作，也不能从事由用人单位另行安排的工作的；

---

[1] 最高人民法院指导案例180号。
[2] 最高人民法院指导案例181号。

（二）劳动者不能胜任工作，经过培训或者调整工作岗位，仍不能胜任工作的；

（三）劳动合同订立时所依据的客观情况发生重大变化，致使劳动合同无法履行，经用人单位与劳动者协商，未能就变更劳动合同内容达成协议的。

疑难注释

用人单位依照《劳动合同法》第 40 条的规定，选择额外支付劳动者 1 个月工资解除劳动合同的，其额外支付的工资应当按照该劳动者上一个月的工资标准确定。（参见《劳动合同法实施条例》第 20 条）

实务点拨

实务观点：劳动者在用人单位等级考核中居于末位等次，不等同于"不能胜任工作"，不符合单方解除劳动合同的法定条件，用人单位不能据此单方解除劳动合同。①

实务观点：年终奖发放前离职的劳动者主张用人单位支付年终奖的，人民法院应当结合劳动者的离职原因、离职时间、工作表现以及对单位的贡献程度等因素进行综合考量。用人单位的规章制度规定年终奖发放前离职的劳动者不能享有年终奖，但劳动合同的解除非因劳动者单方过失或主动辞职所导致，且劳动者已经完成年度工作任务，用人单位不能证明劳动者的工作业绩及表现不符合年终奖发放标准，年终奖发放前离职的劳动者主张用人单位支付年终奖的，人民法院应予支持。②

第四十一条　【经济性裁员】有下列情形之一，需要裁减人员二十人以上或者裁减不足二十人但占

---

① 最高人民法院指导案例18号。
② 最高人民法院指导案例183号。

企业职工总数百分之十以上的,用人单位提前三十日向工会或者全体职工说明情况,听取工会或者职工的意见后,裁减人员方案经向劳动行政部门报告,可以裁减人员:

(一)依照企业破产法规定进行重整的;

(二)生产经营发生严重困难的;

(三)企业转产、重大技术革新或者经营方式调整,经变更劳动合同后,仍需裁减人员的;

(四)其他因劳动合同订立时所依据的客观经济情况发生重大变化,致使劳动合同无法履行的。

裁减人员时,应当优先留用下列人员:

(一)与本单位订立较长期限的固定期限劳动合同的;

(二)与本单位订立无固定期限劳动合同的;

(三)家庭无其他就业人员,有需要扶养的老人或者未成年人的。

用人单位依照本条第一款规定裁减人员,在六个月内重新招用人员的,应当通知被裁减的人员并在同等条件下优先招用被裁减的人员。

疑难注释

用人单位濒临破产进行法定整顿期间或者生产经营状况发生严重困难,确需裁减人员的,应当提前30日向工会或者全体职工说明情况,听取工会或者职工的意见,经向劳动行政部门报告后,可以裁减人员。用人单位依据《劳动法》第27条规定裁减人员,在6个月内录用人员的,应当优先录用被裁减的人员。(参见《劳动法》第27条)

用人单位确需裁减人员,应按下列程序进行:(1)提前30日向工会或者全体职工说明情况,并提供有关生产经营状况的资料;(2)提出裁减人员方案,内容包括:被裁减人员名单,裁减时间及实施步骤,符合法律、法规规定和集体合同约定的被裁减人员经济补偿办法;(3)将裁减人员方案征求工会或者全体职工的意见,并对方案进行修改和完善;(4)向当地劳动行政部门报告裁减人员方案以及工会或者全体职工的意见,并听取劳动行政部门的意见;(5)由用人单位正式公布裁减人员方案,与被裁减人员办理解除劳动合同手续,按照有关规定向被裁减人员本人支付经济补偿金,出具裁减人员证明书。(参见《企业经济性裁减人员规定》第4条)

用人单位不得裁减下列人员:(1)患职业病或者因工负伤并被确认丧失或者部分丧失劳动能力的;(2)患病或者负伤,在规定的医疗期内的;(3)女职工在孕期、产期、哺乳期内的;(4)法律、行政法规规定的其他情形。(参见《企业经济性裁减人员规定》第5条)

第四十二条 【用人单位不得解除劳动合同的情形】劳动者有下列情形之一的,用人单位不得依照本法第四十条、第四十一条的规定解除劳动合同:

(一)从事接触职业病危害作业的劳动者未进行离岗前职业健康检查,或者疑似职业病病人在诊断或者医学观察期间的；

（二）在本单位患职业病或者因工负伤并被确认丧失或者部分丧失劳动能力的；

（三）患病或者非因工负伤，在规定的医疗期内的；

（四）女职工在孕期、产期、哺乳期的；

（五）在本单位连续工作满十五年，且距法定退休年龄不足五年的；

（六）法律、行政法规规定的其他情形。

疑难注释

用人单位未按照国务院安全生产监督管理部门、卫生行政部门的规定组织从事接触职业病危害作业的劳动者进行离岗前的职业健康检查，劳动者在双方解除劳动合同后请求继续履行劳动合同的，人民法院依法予以支持，但有下列情形之一的除外：（1）一审法庭辩论终结前，用人单位已经组织劳动者进行职业健康检查且经检查劳动者未患职业病的；（2）一审法庭辩论终结前，用人单位组织劳动者进行职业健康检查，劳动者无正当理由拒绝检查的。(参见《最高人民法院关于审理劳动争议案件适用法律问题的解释（二）》第17条)

实务点拨

用人单位因女职工怀孕调岗降薪须符合"不能适应原劳动"条件

实务观点：本案的争议焦点是用人单位能否因为女职工怀孕调岗降薪。《妇女权益保障法》第48条第1款、《女职工劳动保护特别规定》第5条明确规定用人单位不得因怀孕降低女职工的工资和福利待遇。《女职工劳动保护特别规定》第6条第1款规定，女职工在孕期不能适应原劳动的，用人单位应当根据医疗机构的证明,予以减轻劳动量或者安排其他能够适应的劳动。该条明确"减轻劳动量或者安排其他能够适应的劳动"的前提是"女职工在孕期不能适应原劳动"。因此,如果孕期女职工能够适应原劳动的,用人单位应当尊重并保护女职工的劳动权利。本案中,某科技公司要求赵某退出所在项目的行为,既不符合双方劳动合同约定的等待项目期间的情形,也未征求赵某本人的同意,更未经医疗机构证明赵某存在"不能适应原劳动"的情形,属于违反《女职工劳动保护特别规定》第6条第1款规定,变相调整孕期女职工岗位的情形。该公司以赵某未参与项目为由降低赵某孕期工资标准,违反了《妇女权益保障法》第48条第1款、《女职工劳动保护特别规定》第5条的规定,因此仲裁委员会依法裁决某科技公司按照赵某原工资待遇17000元/月的标准补齐赵某的孕期工资差额。

典型意义：党的二十大报告提出完善劳动者权益保障制度、保障妇女儿童合法权益等要求，我国多部法律法规对保护女职工劳动权利与身心健康作出了特别规定。实践中，用人单位在开展日常用工管理时应注意依法保护女职工尤其是孕期、产期、哺乳期（以下简称"三期"）女职工的合法权益，不能通过变相调整工作岗位、提升工作强度等方式侵害"三期"女职工的劳动权利，也不能违法降低"三期"女职工的工资及福利待遇。同时，女职工也应科学评估自身身体状况，正确看待不能适应原劳动等特殊情形，积极与用人单位沟通，合理维护自身的合法权益。[1]

---

[1] 《人社部、最高法联合发布第四批劳动人事争议典型案例》，案例2 用人单位能否因女职工怀孕调岗降薪，载最高人民法院网，https://www.court.gov.cn/zixun/xiangqing/462311.html，最后访问时间：2025年8月4日。

第四十三条 【工会在劳动合同解除中的监督作用】用人单位单方解除劳动合同,应当事先将理由通知工会。用人单位违反法律、行政法规规定或者劳动合同约定的,工会有权要求用人单位纠正。用人单位应当研究工会的意见,并将处理结果书面通知工会。

疑难注释

建立了工会组织的用人单位解除劳动合同符合《劳动合同法》第39条、第40条规定,但未按照《劳动合同法》第43条规定事先通知工会,劳动者以用人单位违法解除劳动合同为由请求用人单位支付赔偿金的,人民法院应予支持,但起诉前用人单位已经补正有关程序的除外。(参见《最高人民法院关于审理劳动争议案件适用法律问题的解释(一)》第47条)

第四十四条 【劳动合同的终止】有下列情形之一的,劳动合同终止:

（一）劳动合同期满的；

（二）劳动者开始依法享受基本养老保险待遇的；

（三）劳动者死亡，或者被人民法院宣告死亡或者宣告失踪的；

（四）用人单位被依法宣告破产的；

（五）用人单位被吊销营业执照、责令关闭、撤销或者用人单位决定提前解散的；

（六）法律、行政法规规定的其他情形。

疑难注释

用人单位与劳动者不得在《劳动合同法》第44条规定的劳动合同终止情形之外约定其他的劳动合同终止条件。（参见《劳动合同法实施条例》第13条）

劳动者达到法定退休年龄的，劳动合同终止。（参见《劳动合同法实施条例》第21条）

劳动者与用人单位就解除或者终止劳动合同

办理相关手续、支付工资报酬、加班费、经济补偿或者赔偿金等达成的协议,不违反法律、行政法规的强制性规定,且不存在欺诈、胁迫或者乘人之危情形的,应当认定有效。前述协议存在重大误解或者显失公平情形,当事人请求撤销的,人民法院应予支持。(参见《最高人民法院关于审理劳动争议案件适用法律问题的解释(一)》第35条)

实务点拨

劳动者在离职文件上签字确认加班费已结清后,仍有权请求支付欠付的加班费

实务观点:司法实践中,既应尊重和保障双方基于真实自愿合法原则签订的终止或解除劳动合同的协议,也应对劳动者明确持有异议的、涉及劳动者基本权益保护的协议真实性予以审查,依法保护劳动者的合法权益。本案中,肖某认为离职申请交接表"员工确认"一栏不是其真实意思表示，上面记载的内容也与事实不符。该表中"员工离职原因"与"员工确认"两处表述确实存在矛盾。两家公司均未提供与肖某就加班费等款项达成的协议及已向肖某支付上述款项的证据，且肖某否认双方就上述款项已达成一致并已给付。因此，离职申请交接表中员工确认的"现单位已将我的工资、加班费、经济补偿结清，我与单位无其他任何争议"与事实不符，不能认定为肖某的真实意思表示。本案情形并不符合《最高人民法院关于审理劳动争议案件适用法律问题的解释（一）》第35条之规定，故二审法院依法支持肖某关于加班费的诉讼请求。

典型意义：实践中，有的用人单位在终止或解除劳动合同时，会与劳动者就加班费、经济补偿或赔偿金等达成协议。部分用人单位利用其在后续工资发放、离职证明开具、档案和社会保险关系转移等方面的优势地位,借机变相迫使劳动者在用人单位提供的格式文本上签字,放弃包括加班费在内的权利,或者在未足额支付加班费的情况下让劳动者签字确认加班费已经付清的事实。劳动者往往事后反悔,提起劳动争议仲裁与诉讼。本案中,人民法院最终依法支持劳动者关于加班费的诉讼请求,既维护了劳动者的合法权益,对用人单位日后诚信协商、依法保护劳动者劳动报酬权亦有良好引导作用,有助于构建和谐稳定的劳动关系。劳动者在签署相关协议时,亦应熟悉相关条款含义,审慎签订协议,通过合法途径维护自身权益。[1]

---

[1] 《劳动人事争议典型案例(第二批)》,案例9. 劳动者在离职文件上签字确认加班费已结清,是否有权请求支付欠付的加班费,载最高人民法院网,https://www.court.gov.cn/zixun/xiangqing/319151.html,最后访问时间:2025年8月4日。

第四十五条 【劳动合同的逾期终止】 劳动合同期满，有本法第四十二条规定情形之一的，劳动合同应当续延至相应的情形消失时终止。但是，本法第四十二条第二项规定丧失或者部分丧失劳动能力劳动者的劳动合同的终止，按照国家有关工伤保险的规定执行。

疑难注释

劳动合同期满后，劳动者仍在原用人单位工作，原用人单位未表示异议的，视为双方同意以原条件继续履行劳动合同。一方提出终止劳动关系的，人民法院应予支持。(参见《最高人民法院关于审理劳动争议案件适用法律问题的解释（一）》第34条第1款)

劳动合同期满，有下列情形之一的，人民法院认定劳动合同期限依法自动续延，不属于用人单位未订立书面劳动合同的情形：(1)《劳动合同法》第42条规定的用人单位不得解除劳动合同的；(2)《劳动合同法实施条例》第17条规定的服务期尚未到期的；(3)《工会法》第19条规定的任期未届满的。(参见《最高人民法院关于审理劳动争议案件适用法律问题的解释(二)》第8条)

劳动合同期满后,劳动者仍在用人单位工作,用人单位未表示异议超过1个月,劳动者请求用人单位以原条件续订劳动合同的,人民法院依法予以支持。符合订立无固定期限劳动合同情形,劳动者请求用人单位以原条件订立无固定期限劳动合同的,人民法院依法予以支持。用人单位解除劳动合同,劳动者请求用人单位依法承担解除劳动合同法律后果的,人民法院依法予以支持。(参见《最高人民法院关于审理劳动争议案件适用法律问题的解释(二)》第11条)

第四十六条 【经济补偿】 有下列情形之一的,用人单位应当向劳动者支付经济补偿:

（一）劳动者依照本法第三十八条规定解除劳动合同的；

（二）用人单位依照本法第三十六条规定向劳动者提出解除劳动合同并与劳动者协商一致解除劳动合同的；

（三）用人单位依照本法第四十条规定解除劳动合同的；

（四）用人单位依照本法第四十一条第一款规定解除劳动合同的；

（五）除用人单位维持或者提高劳动合同约定条件续订劳动合同，劳动者不同意续订的情形外，依照本法第四十四条第一项规定终止固定期限劳动合同的；

（六）依照本法第四十四条第四项、第五项规定终止劳动合同的；

（七）法律、行政法规规定的其他情形。

疑难注释

《劳动合同法》施行后,因用人单位经营期限届满不再继续经营导致劳动合同不能继续履行,劳动者请求用人单位支付经济补偿的,人民法院应予支持。(参见《最高人民法院关于审理劳动争议案件适用法律问题的解释(一)》第48条)

第四十七条 【经济补偿的计算】 经济补偿按劳动者在本单位工作的年限,每满一年支付一个月工资的标准向劳动者支付。六个月以上不满一年的,按一年计算;不满六个月的,向劳动者支付半个月工资的经济补偿。

劳动者月工资高于用人单位所在直辖市、设区的市级人民政府公布的本地区上年度职工月平均工资三倍的,向其支付经济补偿的标准按职工月平均工资三倍的数额支付,向其支付经济补偿的年限最高不超过十二年。

本条所称月工资是指劳动者在劳动合同解除或者终止前十二个月的平均工资。

疑难注释

《劳动合同法》第47条规定的经济补偿的月工资按照劳动者应得工资计算，包括计时工资或者计件工资以及奖金、津贴和补贴等货币性收入。劳动者在劳动合同解除或者终止前12个月的平均工资低于当地最低工资标准的，按照当地最低工资标准计算。劳动者工作不满12个月的，按照实际工作的月数计算平均工资。(参见《劳动合同法实施条例》第27条)

用人单位依法终止工伤职工的劳动合同的，除依照《劳动合同法》第47条的规定支付经济补偿外，还应当依照国家有关工伤保险的规定支付一次性工伤医疗补助金和伤残就业补助金。(参见《劳动合同法实施条例》第23条)

以完成一定工作任务为期限的劳动合同因任务完成而终止的，用人单位应当依照《劳动合同法》第47条的规定向劳动者支付经济补偿。(参见《劳动合同法实施条例》第22条)

第四十八条 【违法解除或者终止劳动合同的法律后果】 用人单位违反本法规定解除或者终止劳动合同，劳动者要求继续履行劳动合同的，用人单位应当继续履行；劳动者不要求继续履行劳动合同或者劳动合同已经不能继续履行的，用人单位应当依照本法第八十七条规定支付赔偿金。

疑难注释

用人单位违反《劳动合同法》的规定解除或者终止劳动合同，依照《劳动合同法》第87条的规定支付了赔偿金的，不再支付经济补偿。赔偿金的计算年限自用工之日起计算。（参见《劳动合同法实施条例》第25条）

用人单位违法解除或者终止劳动合同后，有下列情形之一的，人民法院可以认定为《劳动合同法》第48条规定的"劳动合同已经不能继续履行"：（1）劳动合同在仲裁或者诉讼过程中期满且不存在应当依法续订、续延劳动合同情形的；（2）劳动者开始依法享受基本养老保险待遇的；(3) 用人单位被宣告破产的；(4) 用人单位解散的，但因合并或者分立需要解散的除外；(5) 劳动者已经与其他用人单位建立劳动关系，对完成用人单位的工作任务造成严重影响，或者经用人单位提出，不与其他用人单位解除劳动合同的；(6) 存在劳动合同客观不能履行的其他情形的。(参见《最高人民法院关于审理劳动争议案件适用法律问题的解释（二）》第 16 条)

用人单位违法解除、终止可以继续履行的劳动合同，劳动者请求用人单位支付违法解除、终止决定作出后至劳动合同继续履行前一日工资的，用人单位应当按照劳动者提供正常劳动时的工资标准向劳动者支付上述期间的工资。用人单位、劳动者对于劳动合同解除、终止都有过错的，应当各自承担相应的责任。(参见《最高人民法院关于审理劳动争议案件适用法律问题的解释（二）》第 18 条)

劳动者请求用人单位支付违法解除或者终止劳动合同赔偿金，劳动人事争议仲裁委员会、人民法院经审查认为用人单位系合法解除劳动合同应当支付经济补偿的，可以依法裁决或者判决用人单位支付经济补偿。劳动者基于同一事实在仲裁辩论终结前或者人民法院一审辩论终结前将仲裁请求、诉讼请求由要求用人单位支付经济补偿变更为支付赔偿金的，劳动人事争议仲裁委员会、人民法院应予准许。（参见《人力资源社会保障部、最高人民法院关于劳动人事争议仲裁与诉讼衔接有关问题的意见（一）》第5条）

第四十九条 【社会保险关系跨地区转移接续】国家采取措施，建立健全劳动者社会保险关系跨地区转移接续制度。

第五十条 【劳动合同解除或者终止后双方的义务】用人单位应当在解除或者终止劳动合同时出具解除或者终止劳动合同的证明，并在十五日内为劳动者办理档案和社会保险关系转移手续。

劳动者应当按照双方约定，办理工作交接。用人单位依照本法有关规定应当向劳动者支付经济补偿的，在办结工作交接时支付。

用人单位对已经解除或者终止的劳动合同的文本，至少保存二年备查。

第五章 特别规定

第一节 集体合同

第五十一条 【集体合同的订立和内容】 企业职工一方与用人单位通过平等协商,可以就劳动报酬、工作时间、休息休假、劳动安全卫生、保险福利等事项订立集体合同。集体合同草案应当提交职工代表大会或者全体职工讨论通过。

集体合同由工会代表企业职工一方与用人单位订立;尚未建立工会的用人单位,由上级工会指导劳动者推举的代表与用人单位订立。

疑难注释

集体合同,是指用人单位与本单位职工根据法律、法规、规章的规定,就劳动报酬、工作时间、休息休假、劳动安全卫生、职业培训、保险福利等事项,通过集体协商签订的书面协议;专项集体合同,是指用人单位与本单位职工根据法律、法规、规章的规定,就集体协商的某项内容签订的专项书面协议。(参见《集体合同规定》第3条)

企业应当依法执行职工大会、职工代表大会、厂务公开等民主管理制度,建立集体协商、集体合同制度,维护劳动关系和谐稳定。(参见《企业劳动争议协商调解规定》第3条)

第五十二条 【专项集体合同】企业职工一方与用人单位可以订立劳动安全卫生、女职工权益保护、工资调整机制等专项集体合同。

疑难注释

集体协商双方可以就下列多项或某项内容进行集体协商,签订集体合同或专项集体合同:(1)劳动报酬;(2)工作时间;(3)休息休假;

(4) 劳动安全与卫生；(5) 补充保险和福利；(6) 女职工和未成年工特殊保护；(7) 职业技能培训；(8) 劳动合同管理；(9) 奖惩；(10) 裁员；(11) 集体合同期限；(12) 变更、解除集体合同的程序；(13) 履行集体合同发生争议时的协商处理办法；(14) 违反集体合同的责任；(15) 双方认为应当协商的其他内容。(参见《集体合同规定》第 8 条)

第五十三条 【行业性集体合同、区域性集体合同】在县级以下区域内，建筑业、采矿业、餐饮服务业等行业可以由工会与企业方面代表订立行业性集体合同，或者订立区域性集体合同。

疑难注释

考虑到建筑业、采矿业、餐饮服务业这三个行业在用工上问题比较多，通过单个劳动合同、企业集体合同很难解决问题，因此本条规定，建筑业、采矿业、餐饮服务业可以订立行业性集体合同。例如,在制定建筑业行业性集体合同时,针对建筑业是高危行业,可以把职工保险等难点问题纳入集体合同文本中。

第五十四条 【集体合同的报送和生效】集体合同订立后,应当报送劳动行政部门;劳动行政部门自收到集体合同文本之日起十五日内未提出异议的,集体合同即行生效。

依法订立的集体合同对用人单位和劳动者具有约束力。行业性、区域性集体合同对当地本行业、本区域的用人单位和劳动者具有约束力。

疑难注释

集体合同订立后应当报送劳动行政部门,这是法定程序,也是集体合同的生效条件。劳动行政部门有审查集体合同内容是否合法的责任,如果发现集体合同内容有违法、失实等情况,不予登记或暂缓登记,发回企业对集体合同进行修正。

第五十五条 【集体合同中劳动报酬、劳动条件等标准】 集体合同中劳动报酬和劳动条件等标准不得低于当地人民政府规定的最低标准;用人单位与劳动者订立的劳动合同中劳动报酬和劳动条件等标准不得低于集体合同规定的标准。

第五十六条 【集体合同纠纷和法律救济】 用人单位违反集体合同,侵犯职工劳动权益的,工会可以依法要求用人单位承担责任;因履行集体合同发生争议,经协商解决不成的,工会可以依法申请仲裁、提起诉讼。

疑难注释

发生集体劳动争议,用人单位工会应当及时向上级工会报告,依法参与处理。需要上级工会支持和帮助的,上级工会应当提供法律帮助。工会参与处理集体劳动争议，应当积极反映职工的正当要求，维护职工合法权益。

因集体劳动争议导致停工、怠工事件，工会应当代表职工同企业、事业单位、社会组织或者有关方面协商，反映职工的意见和要求并提出解决意见。协商不成的，按集体劳动争议处理程序解决。

因订立集体合同发生争议，当事人双方协商解决不成的，用人单位工会应当提请上级工会协同人力资源社会保障等有关部门协调处理。

因履行集体合同发生争议，经协商解决不成的，用人单位工会可以依法申请仲裁；用人单位尚未建立工会的，由上级工会指导劳动者推举产生的代表依法申请仲裁。仲裁机构不予受理或者对仲裁裁决不服的，工会或者劳动者代表可以依法向人民法院提起诉讼。（参见《工会参与劳动争议处理办法》第24—27条）

第二节 劳务派遣

第五十七条 【劳务派遣单位的设立】经营劳务派遣业务应当具备下列条件：

（一）注册资本不得少于人民币二百万元；

（二）有与开展业务相适应的固定的经营场所和设施；

（三）有符合法律、行政法规规定的劳务派遣管理制度；

（四）法律、行政法规规定的其他条件。

经营劳务派遣业务，应当向劳动行政部门依法申请行政许可；经许可的，依法办理相应的公司登记。未经许可，任何单位和个人不得经营劳务派遣业务。

疑难注释

劳务派遣，是指劳动力派遣机构与派遣劳动者签订派遣契约，在得到派遣劳动者同意后，使其在被派企业指挥监督下提供劳动。劳务派遣的最大特点是劳动力雇佣与劳动力使用相分离，派遣劳动者不与被派企业签订劳动合同、发生劳动关系，而是与派遣机构存在劳动关系，但却被派遣至被派企业劳动，形成"有关系没劳动，有劳动没关系"的特殊形态。

第五十八条 【劳务派遣单位、用工单位及劳动者的权利义务】劳务派遣单位是本法所称用人单位，应当履行用人单位对劳动者的义务。劳务派遣单位与被派遣劳动者订立的劳动合同，除应当载明本法第十七条规定的事项外，还应当载明被派遣劳动者的用工单位以及派遣期限、工作岗位等情况。

劳务派遣单位应当与被派遣劳动者订立二年以上的固定期限劳动合同，按月支付劳动报酬；被派遣劳动者在无工作期间，劳务派遣单位应当按照所在地人民政府规定的最低工资标准，向其按月支付报酬。

疑难注释

船员服务机构仅代理船员办理相关手续,或者仅为船员提供就业信息,且不属于劳务派遣情形,船员服务机构主张其与船员仅成立居间或委托合同关系的,应予支持。(参见《最高人民法院关于审理涉船员纠纷案件若干问题的规定》第3条)

实务点拨

劳动者超时加班发生工伤,用工单位、劳务派遣单位承担连带赔偿责任

实务观点:休息权是劳动者的基本劳动权利,即使在支付劳动者加班费的情况下,劳动者的工作时间仍然受到法定延长工作时间上限的制约。劳务派遣用工中,劳动者超时加班发生工伤,用工单位和劳务派遣单位对劳动者的损失均负有责任,应承担连带赔偿责任。劳动者

与用工单位、劳务派遣单位达成赔偿协议的，当赔偿协议存在违反法律、行政法规的强制性规定、欺诈、胁迫或者乘人之危情形时，不应认定赔偿协议有效；当赔偿协议存在重大误解或者显失公平情形时，应当支持劳动者依法行使撤销权。本案中，某服务公司和某传媒公司协议约定的被派遣劳动者每天工作时间及每月工作保底工时，均严重超过法定标准。李某工亡前每月休息时间不超过3日，每日工作时间基本超过11小时，每月延长工作时间超过36小时数倍，其依法享有的休息权受到严重侵害。某传媒公司作为用工单位长期安排李某超时加班，存在过错，对李某在工作期间突发疾病死亡负有不可推卸的责任。惠某等主张某传媒公司与某服务公司就李某工伤的相关待遇承担连带赔偿责任，应予支持。惠某等虽与某传媒公司达成了赔偿协议，但赔偿协议是在劳动者未经社会保险行政部门认定工伤的情形下签订的，且赔偿协议约定的补偿数额明显低于法定工伤保险待遇标准，某服务公司和某传媒公司应对差额部分予以补足。

典型意义：面对激烈的市场竞争环境，个别用人单位为降低用工成本、追求利润最大化，长期安排劳动者超时加班，对劳动者的身心健康、家庭和睦、参与社会生活等造成了严重影响，极端情况下会威胁劳动者的生命安全。本案系劳动者超时加班发生工伤而引发的工伤保险待遇纠纷，是超时劳动严重损害劳动者健康权的缩影。本案裁判明确了此种情况下用工单位、劳务派遣单位承担连带赔偿责任，可以有效避免劳务派遣用工中出现责任真空的现象，实现对劳动者合法权益的充分保障。同时，用人单位应依法为职工参加工伤保险，保障职工的工伤权益，也能分散自身风险。如用人单位未

> 为职工参加工伤保险，工伤职工工伤保险待遇全部由用人单位支付。[①]

第五十九条 【劳务派遣协议】劳务派遣单位派遣劳动者应当与接受以劳务派遣形式用工的单位（以下称用工单位）订立劳务派遣协议。劳务派遣协议应当约定派遣岗位和人员数量、派遣期限、劳动报酬和社会保险费的数额与支付方式以及违反协议的责任。

用工单位应当根据工作岗位的实际需要与劳务派遣单位确定派遣期限，不得将连续用工期限分割订立数个短期劳务派遣协议。

[①] 《劳动人事争议典型案例（第二批）》，案例 7. 劳动者超时加班发生工伤，用工单位、劳务派遣单位是否承担连带赔偿责任，载最高人民法院网，https://www.court.gov.cn/zixun/xiangqing/319151.html，最后访问时间：2023年8月4日。

疑难注释

　　劳务派遣单位应当依法与被派遣劳动者订立2年以上的固定期限书面劳动合同。劳务派遣单位可以依法与被派遣劳动者约定试用期。劳务派遣单位与同一被派遣劳动者只能约定一次试用期。劳务派遣协议应当载明下列内容：(1) 派遣的工作岗位名称和岗位性质；(2) 工作地点；(3) 派遣人员数量和派遣期限；(4) 按照同工同酬原则确定的劳动报酬数额和支付方式；(5) 社会保险费的数额和支付方式；(6) 工作时间和休息休假事项；(7) 被派遣劳动者工伤、生育或者患病期间的相关待遇；(8) 劳动安全卫生以及培训事项；(9) 经济补偿等费用；(10) 劳务派遣协议期限；(11) 劳务派遣服务费的支付方式和标准；(12) 违反劳务派遣协议的责任；(13) 法律、法规、规章规定应当纳入劳务派遣协议的其他事项。(参见《劳务派遣暂行规定》第5—7条)

第六十条 【劳务派遣单位的告知义务】 劳务派遣单位应当将劳务派遣协议的内容告知被派遣劳动者。

劳务派遣单位不得克扣用工单位按照劳务派遣协议支付给被派遣劳动者的劳动报酬。

劳务派遣单位和用工单位不得向被派遣劳动者收取费用。

第六十一条 【跨地区派遣劳动者的劳动报酬、劳动条件】 劳务派遣单位跨地区派遣劳动者的,被派遣劳动者享有的劳动报酬和劳动条件,按照用工单位所在地的标准执行。

疑难注释

"按照用工单位所在地的标准执行"中的"所在地",既包括省、自治区、直辖市,也包括省会所在市、较大的市、设区的市。如果市一级有相应的标准,应当按照市一级的标准执行;如果没有,就按照省、自治区、直辖市的标准执行。

第六十二条 【用工单位的义务】用工单位应当履行下列义务：

（一）执行国家劳动标准，提供相应的劳动条件和劳动保护；

（二）告知被派遣劳动者的工作要求和劳动报酬；

（三）支付加班费、绩效奖金，提供与工作岗位相关的福利待遇；

（四）对在岗被派遣劳动者进行工作岗位所必需的培训；

（五）连续用工的，实行正常的工资调整机制。

用工单位不得将被派遣劳动者再派遣到其他用人单位。

疑难注释

用工单位应当履行《劳动合同法》第62条规定的义务，维护被派遣劳动者的合法权益。（参见《劳动合同法实施条例》第29条）

第六十三条 【被派遣劳动者同工同酬】 被派遣劳动者享有与用工单位的劳动者同工同酬的权利。用工单位应当按照同工同酬原则,对被派遣劳动者与本单位同类岗位的劳动者实行相同的劳动报酬分配办法。用工单位无同类岗位劳动者的,参照用工单位所在地相同或者相近岗位劳动者的劳动报酬确定。

劳务派遣单位与被派遣劳动者订立的劳动合同和与用工单位订立的劳务派遣协议,载明或者约定的向被派遣劳动者支付的劳动报酬应当符合前款规定。

第六十四条 【被派遣劳动者参加或者组织工会】 被派遣劳动者有权在劳务派遣单位或者用工单位依法参加或者组织工会,维护自身的合法权益。

疑难注释

实践中,解决劳务派遣工参加工会的问题主要有三种方法:第一,由劳务派遣单位成立工会,并在用工单位成立分工会，与接受单位的工会合作一起搞活动；第二，由劳务派遣单位与接受单位签订协议，委托接受单位工会管理劳务派遣工会会员；第三，接受单位允许一定工龄的劳务派遣工加入接受单位的工会，但这种方式仍存在一些法律问题。

第六十五条 【劳务派遣中解除劳动合同】被派遣劳动者可以依照本法第三十六条、第三十八条的规定与劳务派遣单位解除劳动合同。

被派遣劳动者有本法第三十九条和第四十条第一项、第二项规定情形的，用工单位可以将劳动者退回劳务派遣单位，劳务派遣单位依照本法有关规定，可以与劳动者解除劳动合同。

疑难注释

被派遣劳动者提前 30 日以书面形式通知劳务派遣单位，可以解除劳动合同。被派遣劳动者在试用期内提前3日通知劳务派遣单位,可以解除劳动合同。劳务派遣单位应当将被派遣劳动者通知解除劳动合同的情况及时告知用工单位。(参见《劳务派遣暂行规定》第14条)

被派遣劳动者因《劳务派遣暂行规定》第12条规定被用工单位退回,劳务派遣单位重新派遣时维持或者提高劳动合同约定条件,被派遣劳动者不同意的,劳务派遣单位可以解除劳动合同。被派遣劳动者因《劳务派遣暂行规定》第12条规定被用工单位退回,劳务派遣单位重新派遣时降低劳动合同约定条件,被派遣劳动者不同意的,劳务派遣单位不得解除劳动合同。但被派遣劳动者提出解除劳动合同的除外。(参见《劳务派遣暂行规定》第15条)

劳务派遣单位被依法宣告破产、吊销营业执照、责令关闭、撤销、决定提前解散或者经营期限届满不再继续经营的,劳动合同终止。用工单位应当与劳务派遣单位协商妥善安置被派遣劳动

者。(参见《劳务派遣暂行规定》第 16 条)

劳务派遣单位因《劳动合同法》第 46 条或者《劳务派遣暂行规定》第 15 条、第 16 条规定的情形,与被派遣劳动者解除或者终止劳动合同的,应当依法向被派遣劳动者支付经济补偿。(参见《劳务派遣暂行规定》第 17 条)

第六十六条 【劳务派遣的适用岗位】劳动合同用工是我国的企业基本用工形式。劳务派遣用工是补充形式,只能在临时性、辅助性或者替代性的工作岗位上实施。

前款规定的临时性工作岗位是指存续时间不超过六个月的岗位;辅助性工作岗位是指为主营业务岗位提供服务的非主营业务岗位;替代性工作岗位是指用工单位的劳动者因脱产学习、休假等原因无法工作的一定期间内,可以由其他劳动者替代工作的岗位。

用工单位应当严格控制劳务派遣用工数量,不得超过其用工总量的一定比例,具体比例由国务院劳动行政部门规定。

第六十七条 【用人单位不得自设劳务派遣单位】 用人单位不得设立劳务派遣单位向本单位或者所属单位派遣劳动者。

> **疑难注释**
>
> 用人单位或者其所属单位出资或者合伙设立的劳务派遣单位,向本单位或者所属单位派遣劳动者的,属于《劳动合同法》第67条规定的不得设立的劳务派遣单位。(参见《劳动合同法实施条例》第28条)

第三节 非全日制用工

第六十八条 【非全日制用工的概念】 非全日制用工,是指以小时计酬为主,劳动者在同一用人单位一般平均每日工作时间不超过四小时,每周工作时间累计不超过二十四小时的用工形式。

疑难注释

劳务派遣单位不得以非全日制用工形式招用被派遣劳动者。(参见《劳动合同法实施条例》第30条)

第六十九条 【非全日制用工的劳动合同】 非全日制用工双方当事人可以订立口头协议。

从事非全日制用工的劳动者可以与一个或者一个以上用人单位订立劳动合同;但是,后订立的劳动合同不得影响先订立的劳动合同的履行。

疑难注释

对比维度	全日制用工	非全日制用工
工作时间	通常每日工作不超过8小时,每周工作时间不超过40小时	平均每日工作时间不超过4小时,每周工作时间累计不超过24小时
合同形式	必须签订书面劳动合同	可以订立口头协议,也可以签订书面劳动合同

对比维度	全日制用工	非全日制用工
试用期	可以约定试用期（除非是以完成某项特定工作任务为期限的劳动合同或3个月以内的固定期限劳动合同）	不得约定试用期
劳动关系终止	劳动合同终止或解除的，除一些特别情况外，用人单位须向劳动者支付经济补偿金	劳动关系可以随时终止且无需支付经济补偿金
社会保险缴纳	用人单位必须依法为劳动者缴纳养老、医疗、工伤、生育、失业保险	用人单位必须为劳动者缴纳工伤保险，其余险种可由劳动者自行缴纳或双方协商
工资支付	按月以货币形式定时向劳动者支付工资	以小时计酬为主，劳动报酬结算支付周期最长不得超15日

对比维度	全日制用工	非全日制用工
劳动关系主体	劳动者一般只能与一个用人单位建立劳动关系	劳动者可以与一个以上用人单位建立劳动关系

第七十条 【非全日制用工不得约定试用期】非全日制用工双方当事人不得约定试用期。

第七十一条 【非全日制用工的终止用工】非全日制用工双方当事人任何一方都可以随时通知对方终止用工。终止用工,用人单位不向劳动者支付经济补偿。

疑难注释

在非全日制用工中,所有解除劳动合同的行为,不管是出于什么原因,也不管用人单位或者劳动者是否有过错,用人单位都不支付经济补偿。

第七十二条 【非全日制用工的劳动报酬】非

全日制用工小时计酬标准不得低于用人单位所在地人民政府规定的最低小时工资标准。

非全日制用工劳动报酬结算支付周期最长不得超过十五日。

第六章 监督检查

第七十三条 【劳动合同制度的监督管理体制】国务院劳动行政部门负责全国劳动合同制度实施的监督管理。

县级以上地方人民政府劳动行政部门负责本行政区域内劳动合同制度实施的监督管理。

县级以上各级人民政府劳动行政部门在劳动合同制度实施的监督管理工作中，应当听取工会、企业方面代表以及有关行业主管部门的意见。

第七十四条 【劳动行政部门监督检查事项】县级以上地方人民政府劳动行政部门依法对下列实施劳动合同制度的情况进行监督检查：

（一）用人单位制定直接涉及劳动者切身利益的规章制度及其执行的情况；

（二）用人单位与劳动者订立和解除劳动合同的情况；

（三）劳务派遣单位和用工单位遵守劳务派遣有关规定的情况；

（四）用人单位遵守国家关于劳动者工作时间和休息休假规定的情况；

（五）用人单位支付劳动合同约定的劳动报酬和执行最低工资标准的情况；

（六）用人单位参加各项社会保险和缴纳社会保险费的情况；

（七）法律、法规规定的其他劳动监察事项。

> **疑难注释**
>
> 劳动保障行政部门实施劳动保障监察，履行下列职责：（1）宣传劳动保障法律、法规和规章，督促用人单位贯彻执行；（2）检查用人单位遵守劳动保障法律、法规和规章的情况；（3）受理对违反劳动保障法律、法规或者规章的行为的举报、投诉；（4）依法纠正和查处违反劳动保障法律、法规或者规章的行为。（参见《劳动保障监察条例》第10条）

劳动保障行政部门对下列事项实施劳动保障监察：(1) 用人单位制定内部劳动保障规章制度的情况；(2) 用人单位与劳动者订立劳动合同的情况；(3) 用人单位遵守禁止使用童工规定的情况；(4) 用人单位遵守女职工和未成年工特殊劳动保护规定的情况；(5) 用人单位遵守工作时间和休息休假规定的情况；(6) 用人单位支付劳动者工资和执行最低工资标准的情况；(7) 用人单位参加各项社会保险和缴纳社会保险费的情况；(8) 职业介绍机构、职业技能培训机构和职业技能考核鉴定机构遵守国家有关职业介绍、职业技能培训和职业技能考核鉴定的规定的情况；(9) 法律、法规规定的其他劳动保障监察事项。(参见《劳动保障监察条例》第11条)

劳动保障行政部门对违反劳动保障法律、法规或者规章的行为，根据调查、检查的结果，作出以下处理：（1）对依法应当受到行政处罚的，依法作出行政处罚决定；（2）对应当改正未改正的，依法责令改正或者作出相应的行政处理决定；（3）对情节轻微且已改正的，撤销立案。发现违法案件不属于劳动保障监察事项的，应当及时移送有关部门处理；涉嫌犯罪的，应当依法移送司法机关。（参见《劳动保障监察条例》第18条）

第七十五条 【监督检查措施和依法行政、文明执法】县级以上地方人民政府劳动行政部门实施监督检查时，有权查阅与劳动合同、集体合同有关的材料，有权对劳动场所进行实地检查，用人单位和劳动者都应当如实提供有关情况和材料。

劳动行政部门的工作人员进行监督检查，应当出示证件，依法行使职权，文明执法。

第七十六条 【其他有关主管部门的监督管理】县级以上人民政府建设、卫生、安全生产监督管理等有关主管部门在各自职责范围内,对用人单位执行劳动合同制度的情况进行监督管理。

第七十七条 【劳动者权利救济途径】劳动者合法权益受到侵害的,有权要求有关部门依法处理,或者依法申请仲裁、提起诉讼。

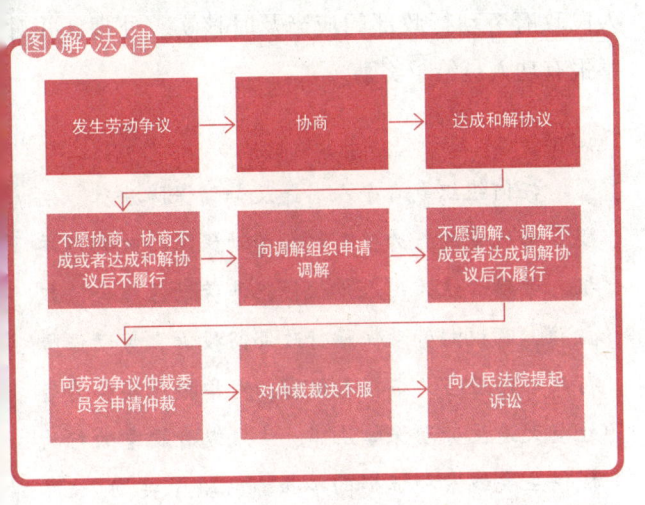

图解法律

```
发生劳动争议 → 协商 → 达成和解协议
      ↓
不愿协商、协商不成或者达成和解协议后不履行 → 向调解组织申请调解 → 不愿调解、调解不成或者达成调解协议后不履行
      ↓
向劳动争议仲裁委员会申请仲裁 → 对仲裁裁决不服 → 向人民法院提起诉讼
```

第七十八条 【工会监督检查的权利】工会依法维护劳动者的合法权益,对用人单位履行劳动合同、集体合同的情况进行监督。用人单位违反劳动

法律、法规和劳动合同、集体合同的,工会有权提出意见或者要求纠正;劳动者申请仲裁、提起诉讼的,工会依法给予支持和帮助。

第七十九条 【对违法行为的举报】任何组织或者个人对违反本法的行为都有权举报,县级以上人民政府劳动行政部门应当及时核实、处理,并对举报有功人员给予奖励。

疑难注释

任何组织或者个人对违反劳动保障法律、法规或者规章的行为,有权向劳动保障行政部门举报。劳动者认为用人单位侵犯其劳动保障合法权益的,有权向劳动保障行政部门投诉。劳动保障行政部门应当为举报人保密;对举报属实,为查处重大违反劳动保障法律、法规或者规章的行为提供主要线索和证据的举报人,给予奖励。(参见《劳动保障监察条例》第9条)

任何单位和个人对拖欠农民工工资的行为,有权向人力资源社会保障行政部门或者其他有关部门举报。人力资源社会保障行政部门和其他有关部门应当公开举报投诉电话、网站等渠道,依法接受对拖欠农民工工资行为的举报、投诉。对于举报、投诉的处理实行首问负责制,属于本部门受理的,应当依法及时处理;不属于本部门受理的,应当及时转送相关部门,相关部门应当依法及时处理,并将处理结果告知举报、投诉人。(参见《保障农民工工资支付条例》第10条第2款、第3款)

第七章 法律责任

第八十条 【规章制度违法的法律责任】用人单位直接涉及劳动者切身利益的规章制度违反法律、法规规定的,由劳动行政部门责令改正,给予警告;给劳动者造成损害的,应当承担赔偿责任。

疑难注释

如果用人单位制定的规章制度给劳动者造成损失,用人单位要承担民事赔偿责任。例如,用人单位制定的劳动安全卫生方面的规章制度不符合《劳动法》和《职业病防治法》的规定,因此给劳动者造成损失(包括人身伤害和财产损失)的,要给予劳动者赔偿。劳动者除了要求用人单位给予物质赔偿以外,还可以要求获得精神损害赔偿。

第八十一条 【缺乏必备条款、不提供劳动合同文本的法律责任】用人单位提供的劳动合同文本未载明本法规定的劳动合同必备条款或者用人单位未将劳动合同文本交付劳动者的,由劳动行政部门责令改正;给劳动者造成损害的,应当承担赔偿责任。

第八十二条 【不订立书面劳动合同的法律责任】 用人单位自用工之日起超过一个月不满一年未与劳动者订立书面劳动合同的,应当向劳动者每月支付二倍的工资。

用人单位违反本法规定不与劳动者订立无固定期限劳动合同的,自应当订立无固定期限劳动合同之日起向劳动者每月支付二倍的工资。

疑难注释

用人单位未依法与劳动者订立书面劳动合同,应当支付劳动者的2倍工资按月计算;不满1个月的,按该月实际工作日计算。(参见《最高人民法院关于审理劳动争议案件适用法律问题的解释(二)》第6条)

劳动者以用人单位未订立书面劳动合同为由，请求用人单位支付2倍工资的，人民法院依法予以支持，但用人单位举证证明存在下列情形之一的除外：（1）因不可抗力导致未订立的；（2）因劳动者本人故意或者重大过失未订立的；（3）法律、行政法规规定的其他情形。（参见《最高人民法院关于审理劳动争议案件适用法律问题的解释（二）》第7条）

实务点拨

劳动者故意不订立书面劳动合同，用人单位不负有支付2倍工资的责任

实务观点：审理法院认为，某康旅公司与冉某的劳动合同到期后，冉某继续工作，某康旅公司仍按照原劳动合同约定支付劳动报酬并为冉某缴纳社会保险费。期间，某康旅公司多次要求与冉某续订书面劳动合同，但冉某拒绝订立。在冉某故意不订立书面劳动合同的情况下，某康旅公司无需承担支付2倍工资的责任，承继其权利和义务的某宾馆及其股东某农旅公司亦不承担责任。审理法院判决驳回冉某有关支付2倍工资等诉讼请求。

典型意义：《劳动合同法》第82条规定："用人单位自用工之日起超过一个月不满一年未与劳动者订立书面劳动合同的，应当向劳动者每月支付二倍的工资。用人单位违反本法规定不与劳动者订立无固定期限劳动合同的，自应当订立无固定期限劳动合同之日起向劳动者每月支付二倍的工资。"用人单位未订立书面劳动合同支付2倍工资规则是法律为维护劳动者合法权益、督促用人单位履行法定义务而作出的规定，不应使不诚信者不当获利。本案明确了支付2倍工资规则不适用于劳动者故意不与用人单位订立书面劳动合同的情形,体现鲜明价值导向,制约和惩处违背诚信原则的行为,引导劳动者、用人单位自觉履行法定义务。[①]

第八十三条 【违法约定试用期的法律责任】

用人单位违反本法规定与劳动者约定试用期的,由劳动行政部门责令改正;违法约定的试用期已经履行的,由用人单位以劳动者试用期满月工资为标准,按已经履行的超过法定试用期的期间向劳动者支付赔偿金。

疑难注释

适用本条时应注意:第一,对于违法约定的试用期,只要劳动者已经实际履行,用人单位就

[①] 《最高法发布劳动争议典型案例》,案例三:劳动者故意不订立书面劳动合同,用人单位不负有支付二倍工资的责任——冉某与某宾馆、某农旅公司劳动争议案,载最高人民法院网,https://www.court.gov.cn/zixun/xiangqing/472681.html,最后访问时间:2025年8月4日。

应按照已经履行的超过法定试用期的期间向劳动者支付赔偿金；对于劳动者尚未履行的期间，用人单位不需要支付赔偿金。第二，支付赔偿金不能代替正常的劳动报酬。如果劳动者实际履行的试用期超过了法定的最高时限，则用人单位除了向劳动者支付赔偿金外，还要向劳动者以劳动合同约定的试用期满后的月工资为标准支付工资，实际上等同于在劳动者已经实际履行的超过法定最高时限的期间内，用人单位需要向劳动者以约定的试用期满后的月工资为标准支付双倍的工资，以惩罚用人单位违法约定试用期的行为。第三，用人单位应当向劳动者支付赔偿金的期间为超过法定试用期的期间。

第八十四条 【扣押劳动者身份证等证件的法律责任】用人单位违反本法规定，扣押劳动者居民身份证等证件的，由劳动行政部门责令限期退还劳动者本人，并依照有关法律规定给予处罚。

用人单位违反本法规定,以担保或者其他名义向劳动者收取财物的,由劳动行政部门责令限期退还劳动者本人,并以每人五百元以上二千元以下的标准处以罚款;给劳动者造成损害的,应当承担赔偿责任。

劳动者依法解除或者终止劳动合同,用人单位扣押劳动者档案或者其他物品的,依照前款规定处罚。

第八十五条 【未依法支付劳动报酬、经济补偿等的法律责任】用人单位有下列情形之一的,由劳动行政部门责令限期支付劳动报酬、加班费或者经济补偿;劳动报酬低于当地最低工资标准的,应当支付其差额部分;逾期不支付的,责令用人单位按应付金额百分之五十以上百分之一百以下的标准向劳动者加付赔偿金:

(一)未按照劳动合同的约定或者国家规定及时足额支付劳动者劳动报酬的;

(二)低于当地最低工资标准支付劳动者工资的;

（三）安排加班不支付加班费的；

（四）解除或者终止劳动合同，未依照本法规定向劳动者支付经济补偿的。

疑难注释

劳动者以用人单位的工资欠条为证据直接提起诉讼，诉讼请求不涉及劳动关系其他争议的，视为拖欠劳动报酬争议，人民法院按照普通民事纠纷受理。（参见《最高人民法院关于审理劳动争议案件适用法律问题的解释（一）》第15条）

第八十六条 【订立无效劳动合同的法律责任】 劳动合同依照本法第二十六条规定被确认无效，给对方造成损害的，有过错的一方应当承担赔偿责任。

第八十七条 【违法解除或者终止劳动合同的法律责任】 用人单位违反本法规定解除或者终止劳动合同的，应当依照本法第四十七条规定的经济补偿标准的二倍向劳动者支付赔偿金。

**第八十八条 【侵害劳动者人身权益的法律责

任】用人单位有下列情形之一的,依法给予行政处罚;构成犯罪的,依法追究刑事责任;给劳动者造成损害的,应当承担赔偿责任:

(一)以暴力、威胁或者非法限制人身自由的手段强迫劳动的;

(二)违章指挥或者强令冒险作业危及劳动者人身安全的;

(三)侮辱、体罚、殴打、非法搜查或者拘禁劳动者的;

(四)劳动条件恶劣、环境污染严重,给劳动者身心健康造成严重损害的。

第八十九条 【不出具解除、终止书面证明的法律责任】 用人单位违反本法规定未向劳动者出具解除或者终止劳动合同的书面证明,由劳动行政部门责令改正;给劳动者造成损害的,应当承担赔偿责任。

第九十条 【劳动者的赔偿责任】 劳动者违反本法规定解除劳动合同,或者违反劳动合同中约定的保密义务或者竞业限制,给用人单位造成损失的,应当承担赔偿责任。

疑难注释

劳动者违反竞业限制约定，向用人单位支付违约金后，用人单位要求劳动者按照约定继续履行竞业限制义务的，人民法院应予支持。（参见《最高人民法院关于审理劳动争议案件适用法律问题的解释（一）》第40条）

用人单位依据《劳动合同法》第90条规定，要求劳动者承担赔偿责任的，劳动人事争议仲裁委员会应当依法受理。（参见《人力资源社会保障部、最高人民法院关于劳动人事争议仲裁与诉讼衔接有关问题的意见（一）》第3条）

第九十一条　【用人单位的连带赔偿责任】 用人单位招用与其他用人单位尚未解除或者终止劳动合同的劳动者，给其他用人单位造成损失的，应当承担连带赔偿责任。

第九十二条　【劳务派遣单位的法律责任】 违

反本法规定，未经许可，擅自经营劳务派遣业务的，由劳动行政部门责令停止违法行为，没收违法所得，并处违法所得一倍以上五倍以下的罚款；没有违法所得的，可以处五万元以下的罚款。

劳务派遣单位、用工单位违反本法有关劳务派遣规定的，由劳动行政部门责令限期改正；逾期不改正的，以每人五千元以上一万元以下的标准处以罚款，对劳务派遣单位，吊销其劳务派遣业务经营许可证。用工单位给被派遣劳动者造成损害的，劳务派遣单位与用工单位承担连带赔偿责任。

第九十三条 【无营业执照经营单位的法律责任】 对不具备合法经营资格的用人单位的违法犯罪行为，依法追究法律责任；劳动者已经付出劳动的，该单位或者其出资人应当依照本法有关规定向劳动者支付劳动报酬、经济补偿、赔偿金；给劳动者造成损害的，应当承担赔偿责任。

第九十四条 【个人承包经营者的连带赔偿责任】 个人承包经营违反本法规定招用劳动者，给劳动者造成损害的，发包的组织与个人承包经营者承担连带赔偿责任。

疑难注释

个人承包经营,是指企业与个人承包经营者通过订立承包经营合同,将企业的全部或者部分经营管理权在一定期限内交给个人承包者,由个人承包者对企业进行经营管理。这里的个人承包经营也包括转包。诉讼中,劳动者既可以单独起诉发包组织或者个人承包经营者,也可将发包组织或者个人承包经营者列为共同被告。

第九十五条 【不履行法定职责、违法行使职权的法律责任】 劳动行政部门和其他有关主管部门及其工作人员玩忽职守、不履行法定职责,或者违法行使职权,给劳动者或者用人单位造成损害的,应当承担赔偿责任;对直接负责的主管人员和其他直接责任人员,依法给予行政处分;构成犯罪的,依法追究刑事责任。

第八章　附　　则

第九十六条　【事业单位聘用制劳动合同的法律适用】事业单位与实行聘用制的工作人员订立、履行、变更、解除或者终止劳动合同，法律、行政法规或者国务院另有规定的，依照其规定；未作规定的，依照本法有关规定执行。

第九十七条　【过渡性条款】本法施行前已依法订立且在本法施行之日存续的劳动合同，继续履行；本法第十四条第二款第三项规定连续订立固定期限劳动合同的次数，自本法施行后续订固定期限劳动合同时开始计算。

本法施行前已建立劳动关系，尚未订立书面劳动合同的，应当自本法施行之日起一个月内订立。

本法施行之日存续的劳动合同在本法施行后解除或者终止，依照本法第四十六条规定应当支付经济补偿的，经济补偿年限自本法施行之日起计算；本法施行前按照当时有关规定，用人单位应当向动者支付经济补偿的，按照当时有关规定执行。

第九十八条 【施行时间】本法自 2008 年 1 月日起施行。

附录一　关联规定

中华人民共和国劳动法

(1994年7月5日第八届全国人民代表大会常务委员会第八次会议通过 根据2009年8月27日第十一届全国人民代表大会常务委员会第十次会议《关于修改部分法律的决定》第一次修正 根据2018年12月29日第十三届全国人民代表大会常务委员会第七次会议《关于修改〈中华人民共和国劳动法〉等七部法律的决定》第二次修正)

目 录

第一章 总 则
第二章 促进就业
第三章 劳动合同和集体合同
第四章 工作时间和休息休假
第五章 工 资
第六章 劳动安全卫生

第七章　女职工和未成年工特殊保护

第八章　职业培训

第九章　社会保险和福利

第十章　劳动争议

第十一章　监督检查

第十二章　法律责任

第十三章　附　　则

第一章　总　　则

第一条　为了保护劳动者的合法权益，调整劳动关系建立和维护适应社会主义市场经济的劳动制度，促进经济发展和社会进步，根据宪法，制定本法。

第二条　在中华人民共和国境内的企业、个体经济组（以下统称用人单位）和与之形成劳动关系的劳动者，适本法。

国家机关、事业组织、社会团体和与之建立劳动合同系的劳动者，依照本法执行。

第三条　劳动者享有平等就业和选择职业的权利、取劳动报酬的权利、休息休假的权利、获得劳动安全卫生保的权利、接受职业技能培训的权利、享受社会保险和福利的权利、提请劳动争议处理的权利以及法律规定的其他劳动权利。

劳动者应当完成劳动任务,提高职业技能,执行劳动安全卫生规程,遵守劳动纪律和职业道德。

第四条 用人单位应当依法建立和完善规章制度,保障劳动者享有劳动权利和履行劳动义务。

第五条 国家采取各种措施,促进劳动就业,发展职业教育,制定劳动标准,调节社会收入,完善社会保险,协调劳动关系,逐步提高劳动者的生活水平。

第六条 国家提倡劳动者参加社会义务劳动,开展劳动竞赛和合理化建议活动,鼓励和保护劳动者进行科学研究、技术革新和发明创造,表彰和奖励劳动模范和先进工作者。

第七条 劳动者有权依法参加和组织工会。

工会代表和维护劳动者的合法权益,依法独立自主地开展活动。

第八条 劳动者依照法律规定,通过职工大会、职工代表大会或者其他形式,参与民主管理或者就保护劳动者合法权益与用人单位进行平等协商。

第九条 国务院劳动行政部门主管全国劳动工作。

县级以上地方人民政府劳动行政部门主管本行政区域内的劳动工作。

第二章 促进就业

第十条 国家通过促进经济和社会发展，创造就业条件，扩大就业机会。

国家鼓励企业、事业组织、社会团体在法律、行政法规规定的范围内兴办产业或者拓展经营，增加就业。

国家支持劳动者自愿组织起来就业和从事个体经营实现就业。

第十一条 地方各级人民政府应当采取措施，发展多种类型的职业介绍机构，提供就业服务。

第十二条 劳动者就业，不因民族、种族、性别、宗教信仰不同而受歧视。

第十三条 妇女享有与男子平等的就业权利。在录用职工时，除国家规定的不适合妇女的工种或者岗位外，不得以性别为由拒绝录用妇女或者提高对妇女的录用标准。

第十四条 残疾人、少数民族人员、退出现役的军人的就业，法律、法规有特别规定的，从其规定。

第十五条 禁止用人单位招用未满十六周岁的未成年人。

文艺、体育和特种工艺单位招用未满十六周岁的未成年人，必须遵守国家有关规定，并保障其接受义务教育的权利。

第三章 劳动合同和集体合同

第十六条 劳动合同是劳动者与用人单位确立劳动关系、明确双方权利和义务的协议。

建立劳动关系应当订立劳动合同。

第十七条 订立和变更劳动合同，应当遵循平等自愿、协商一致的原则，不得违反法律、行政法规的规定。

劳动合同依法订立即具有法律约束力，当事人必须履行劳动合同规定的义务。

第十八条 下列劳动合同无效：

（一）违反法律、行政法规的劳动合同；

（二）采取欺诈、威胁等手段订立的劳动合同。

无效的劳动合同，从订立的时候起，就没有法律约束力。确认劳动合同部分无效的，如果不影响其余部分的效力，其余部分仍然有效。

劳动合同的无效，由劳动争议仲裁委员会或者人民法院确认。

第十九条 劳动合同应当以书面形式订立,并具备以下条款:

(一)劳动合同期限;

(二)工作内容;

(三)劳动保护和劳动条件;

(四)劳动报酬;

(五)劳动纪律;

(六)劳动合同终止的条件;

(七)违反劳动合同的责任。

劳动合同除前款规定的必备条款外,当事人可以协商约定其他内容。

第二十条 劳动合同的期限分为有固定期限、无固定期限和以完成一定的工作为期限。

劳动者在同一用人单位连续工作满十年以上,当事人双方同意续延劳动合同的,如果劳动者提出订立无固定期限的劳动合同,应当订立无固定期限的劳动合同。

第二十一条 劳动合同可以约定试用期。试用期最长不得超过六个月。

第二十二条 劳动合同当事人可以在劳动合同中约定保

守用人单位商业秘密的有关事项。

第二十三条 劳动合同期满或者当事人约定的劳动合同终止条件出现，劳动合同即行终止。

第二十四条 经劳动合同当事人协商一致，劳动合同可以解除。

第二十五条 劳动者有下列情形之一的，用人单位可以解除劳动合同：

（一）在试用期间被证明不符合录用条件的；

（二）严重违反劳动纪律或者用人单位规章制度的；

（三）严重失职，营私舞弊，对用人单位利益造成重大损害的；

（四）被依法追究刑事责任的。

第二十六条 有下列情形之一的，用人单位可以解除劳动合同，但是应当提前三十日以书面形式通知劳动者本人：

（一）劳动者患病或者非因工负伤，医疗期满后，不能从事原工作也不能从事由用人单位另行安排的工作的；

（二）劳动者不能胜任工作，经过培训或者调整工作岗位，乃不能胜任工作的；

（三）劳动合同订立时所依据的客观情况发生重大变化，致使原劳动合同无法履行，经当事人协商不能就变更劳动合同达成协议的。

第二十七条 用人单位濒临破产进行法定整顿期间或者生产经营状况发生严重困难,确需裁减人员的,应当提前三十日向工会或者全体职工说明情况,听取工会或者职工的意见,经向劳动行政部门报告后,可以裁减人员。

用人单位依据本条规定裁减人员,在六个月内录用人员的,应当优先录用被裁减的人员。

第二十八条 用人单位依据本法第二十四条、第二十六条、第二十七条的规定解除劳动合同的,应当依照国家有关规定给予经济补偿。

第二十九条 劳动者有下列情形之一的,用人单位不得依据本法第二十六条、第二十七条的规定解除劳动合同:

(一)患职业病或者因工负伤并被确认丧失或者部分丧失劳动能力的;

(二)患病或者负伤,在规定的医疗期内的;

(三)女职工在孕期、产期、哺乳期内的;

(四)法律、行政法规规定的其他情形。

第三十条 用人单位解除劳动合同,工会认为不适当的有权提出意见。如果用人单位违反法律、法规或者劳动合同工会有权要求重新处理;劳动者申请仲裁或者提起诉讼的工会应当依法给予支持和帮助。

第三十一条 劳动者解除劳动合同,应当提前三十日以书面形式通知用人单位。

第三十二条 有下列情形之一的,劳动者可以随时通知用人单位解除劳动合同:

(一)在试用期内的;

(二)用人单位以暴力、威胁或者非法限制人身自由的手段强迫劳动的;

(三)用人单位未按照劳动合同约定支付劳动报酬或者提供劳动条件的。

第三十三条 企业职工一方与企业可以就劳动报酬、工作时间、休息休假、劳动安全卫生、保险福利等事项,签订集体合同。集体合同草案应当提交职工代表大会或者全体职工讨论通过。

集体合同由工会代表职工与企业签订;没有建立工会的企业,由职工推举的代表与企业签订。

第三十四条 集体合同签订后应当报送劳动行政部门;劳动行政部门自收到集体合同文本之日起十五日内未提出异议的,集体合同即行生效。

第三十五条 依法签订的集体合同对企业和企业全体职

工具有约束力。职工个人与企业订立的劳动合同中劳动条件和劳动报酬等标准不得低于集体合同的规定。

第四章 工作时间和休息休假

第三十六条 国家实行劳动者每日工作时间不超过八小时、平均每周工作时间不超过四十四小时的工时制度。

第三十七条 对实行计件工作的劳动者,用人单位应当根据本法第三十六条规定的工时制度合理确定其劳动定额和计件报酬标准。

第三十八条 用人单位应当保证劳动者每周至少休息一日。

第三十九条 企业因生产特点不能实行本法第三十六条、第三十八条规定的,经劳动行政部门批准,可以实行其他工作和休息办法。

第四十条 用人单位在下列节日期间应当依法安排劳动者休假:

(一)元旦;

(二)春节;

(三)国际劳动节;

（四）国庆节；

（五）法律、法规规定的其他休假节日。

第四十一条 用人单位由于生产经营需要，经与工会和劳动者协商后可以延长工作时间，一般每日不得超过一小时；因特殊原因需要延长工作时间的，在保障劳动者身体健康的条件下延长工作时间每日不得超过三小时，但是每月不得超过三十六小时。

第四十二条 有下列情形之一的，延长工作时间不受本法第四十一条规定的限制：

（一）发生自然灾害、事故或者因其他原因，威胁劳动者生命健康和财产安全，需要紧急处理的；

（二）生产设备、交通运输线路、公共设施发生故障，影响生产和公众利益，必须及时抢修的；

（三）法律、行政法规规定的其他情形。

第四十三条 用人单位不得违反本法规定延长劳动者的工作时间。

第四十四条 有下列情形之一的，用人单位应当按照下列标准支付高于劳动者正常工作时间工资的工资报酬：

（一）安排劳动者延长工作时间的，支付不低于工资的百分之一百五十的工资报酬；

（二）休息日安排劳动者工作又不能安排补休的，支付不低于工资的百分之二百的工资报酬；

（三）法定休假日安排劳动者工作的，支付不低于工资的百分之三百的工资报酬。

第四十五条 国家实行带薪年休假制度。

劳动者连续工作一年以上的，享受带薪年休假。具体办法由国务院规定。

第五章 工 资

第四十六条 工资分配应当遵循按劳分配原则，实行同工同酬。

工资水平在经济发展的基础上逐步提高。国家对工资总量实行宏观调控。

第四十七条 用人单位根据本单位的生产经营特点和经济效益，依法自主确定本单位的工资分配方式和工资水平。

第四十八条 国家实行最低工资保障制度。最低工资的具体标准由省、自治区、直辖市人民政府规定，报国务院备案。

用人单位支付劳动者的工资不得低于当地最低工资标准。

第四十九条 确定和调整最低工资标准应当综合参考下列因素：

（一）劳动者本人及平均赡养人口的最低生活费用；

（二）社会平均工资水平；

（三）劳动生产率；

（四）就业状况；

（五）地区之间经济发展水平的差异。

第五十条 工资应当以货币形式按月支付给劳动者本人。不得克扣或者无故拖欠劳动者的工资。

第五十一条 劳动者在法定休假日和婚丧假期间以及依法参加社会活动期间，用人单位应当依法支付工资。

第六章 劳动安全卫生

第五十二条 用人单位必须建立、健全劳动安全卫生制度，严格执行国家劳动安全卫生规程和标准，对劳动者进行劳动安全卫生教育，防止劳动过程中的事故，减少职业危害。

第五十三条 劳动安全卫生设施必须符合国家规定的标准。

新建、改建、扩建工程的劳动安全卫生设施必须与主体工程同时设计、同时施工、同时投入生产和使用。

第五十四条 用人单位必须为劳动者提供符合国家规定的劳动安全卫生条件和必要的劳动防护用品,对从事有职业危害作业的劳动者应当定期进行健康检查。

第五十五条 从事特种作业的劳动者必须经过专门培训并取得特种作业资格。

第五十六条 劳动者在劳动过程中必须严格遵守安全操作规程。

劳动者对用人单位管理人员违章指挥、强令冒险作业,有权拒绝执行;对危害生命安全和身体健康的行为,有权提出批评、检举和控告。

第五十七条 国家建立伤亡事故和职业病统计报告和处理制度。县级以上各级人民政府劳动行政部门、有关部门和用人单位应当依法对劳动者在劳动过程中发生的伤亡事故和劳动者的职业病状况,进行统计、报告和处理。

第七章 女职工和未成年工特殊保护

第五十八条 国家对女职工和未成年工实行特殊劳动保护。

未成年工是指年满十六周岁未满十八周岁的劳动者。

第五十九条 禁止安排女职工从事矿山井下、国家规定的第四级体力劳动强度的劳动和其他禁忌从事的劳动。

第六十条 不得安排女职工在经期从事高处、低温、冷水作业和国家规定的第三级体力劳动强度的劳动。

第六十一条 不得安排女职工在怀孕期间从事国家规定的第三级体力劳动强度的劳动和孕期禁忌从事的劳动。对怀孕七个月以上的女职工,不得安排其延长工作时间和夜班劳动。

第六十二条 女职工生育享受不少于九十天的产假。

第六十三条 不得安排女职工在哺乳未满一周岁的婴儿期间从事国家规定的第三级体力劳动强度的劳动和哺乳期禁忌从事的其他劳动,不得安排其延长工作时间和夜班劳动。

第六十四条 不得安排未成年工从事矿山井下、有毒有害、国家规定的第四级体力劳动强度的劳动和其他禁忌从事的劳动。

第六十五条 用人单位应当对未成年工定期进行健康检查。

第八章 职业培训

第六十六条 国家通过各种途径,采取各种措施,发展职业培训事业，开发劳动者的职业技能，提高劳动者素质，增强劳动者的就业能力和工作能力。

第六十七条 各级人民政府应当把发展职业培训纳入社会经济发展的规划，鼓励和支持有条件的企业、事业组织、社会团体和个人进行各种形式的职业培训。

第六十八条 用人单位应当建立职业培训制度，按照国家规定提取和使用职业培训经费，根据本单位实际，有计划地对劳动者进行职业培训。

从事技术工种的劳动者，上岗前必须经过培训。

第六十九条 国家确定职业分类，对规定的职业制定职业技能标准，实行职业资格证书制度，由经备案的考核鉴定机构负责对劳动者实施职业技能考核鉴定。

第九章 社会保险和福利

第七十条 国家发展社会保险事业，建立社会保险制度，设立社会保险基金，使劳动者在年老、患病、工伤、失业、生育等情况下获得帮助和补偿。

第七十一条 社会保险水平应当与社会经济发展水平和社会承受能力相适应。

第七十二条　社会保险基金按照保险类型确定资金来源，逐步实行社会统筹。用人单位和劳动者必须依法参加社会保险，缴纳社会保险费。

第七十三条　劳动者在下列情形下，依法享受社会保险待遇：

（一）退休；

（二）患病、负伤；

（三）因工伤残或者患职业病；

（四）失业；

（五）生育。

劳动者死亡后，其遗属依法享受遗属津贴。

劳动者享受社会保险待遇的条件和标准由法律、法规规定。

劳动者享受的社会保险金必须按时足额支付。

第七十四条　社会保险基金经办机构依照法律规定收支、管理和运营社会保险基金，并负有使社会保险基金保值增值的责任。

社会保险基金监督机构依照法律规定，对社会保险基金的收支、管理和运营实施监督。

社会保险基金经办机构和社会保险基金监督机构的设立

和职能由法律规定。

任何组织和个人不得挪用社会保险基金。

第七十五条 国家鼓励用人单位根据本单位实际情况为劳动者建立补充保险。

国家提倡劳动者个人进行储蓄性保险。

第七十六条 国家发展社会福利事业，兴建公共福利设施，为劳动者休息、休养和疗养提供条件。

用人单位应当创造条件，改善集体福利，提高劳动者的福利待遇。

第十章 劳动争议

第七十七条 用人单位与劳动者发生劳动争议，当事人可以依法申请调解、仲裁、提起诉讼，也可以协商解决。

调解原则适用于仲裁和诉讼程序。

第七十八条 解决劳动争议，应当根据合法、公正、及时处理的原则，依法维护劳动争议当事人的合法权益。

第七十九条 劳动争议发生后，当事人可以向本单位劳动争议调解委员会申请调解；调解不成，当事人一方要求仲裁的，可以向劳动争议仲裁委员会申请仲裁。当事人一方也可以直接向劳动争议仲裁委员会申请仲裁。对仲裁裁决不服的，可以向人民法院提起诉讼。

第八十条 在用人单位内，可以设立劳动争议调解委员会。劳动争议调解委员会由职工代表、用人单位代表和工会代表组成。劳动争议调解委员会主任由工会代表担任。

劳动争议经调解达成协议的，当事人应当履行。

第八十一条 劳动争议仲裁委员会由劳动行政部门代表、同级工会代表、用人单位方面的代表组成。劳动争议仲裁委员会主任由劳动行政部门代表担任。

第八十二条 提出仲裁要求的一方应当自劳动争议发生之日起六十日内向劳动争议仲裁委员会提出书面申请。仲裁裁决一般应在收到仲裁申请的六十日内作出。对仲裁裁决无异议的，当事人必须履行。

第八十三条 劳动争议当事人对仲裁裁决不服的，可以自收到仲裁裁决书之日起十五日内向人民法院提起诉讼。一方当事人在法定期限内不起诉又不履行仲裁裁决的，另一方当事人可以申请人民法院强制执行。

第八十四条 因签订集体合同发生争议，当事人协商解决不成的，当地人民政府劳动行政部门可以组织有关各方协调处理。

因履行集体合同发生争议,当事人协商解决不成的,可以向劳动争议仲裁委员会申请仲裁;对仲裁裁决不服的,可以自收到仲裁裁决书之日起十五日内向人民法院提起诉讼。

第十一章 监督检查

第八十五条 县级以上各级人民政府劳动行政部门依法对用人单位遵守劳动法律、法规的情况进行监督检查,对违反劳动法律、法规的行为有权制止,并责令改正。

第八十六条 县级以上各级人民政府劳动行政部门监督检查人员执行公务,有权进入用人单位了解执行劳动法律、法规的情况,查阅必要的资料,并对劳动场所进行检查。

县级以上各级人民政府劳动行政部门监督检查人员执行公务,必须出示证件,秉公执法并遵守有关规定。

第八十七条 县级以上各级人民政府有关部门在各自职责范围内,对用人单位遵守劳动法律、法规的情况进行监督。

第八十八条 各级工会依法维护劳动者的合法权益,对用人单位遵守劳动法律、法规的情况进行监督。

任何组织和个人对于违反劳动法律、法规的行为有权检举和控告。

第十二章 法律责任

第八十九条 用人单位制定的劳动规章制度违反法律、法规规定的，由劳动行政部门给予警告，责令改正；对劳动者造成损害的，应当承担赔偿责任。

第九十条 用人单位违反本法规定，延长劳动者工作时间的，由劳动行政部门给予警告，责令改正，并可以处以罚款。

第九十一条 用人单位有下列侵害劳动者合法权益情形之一的，由劳动行政部门责令支付劳动者的工资报酬、经济补偿，并可以责令支付赔偿金：

（一）克扣或者无故拖欠劳动者工资的；

（二）拒不支付劳动者延长工作时间工资报酬的；

（三）低于当地最低工资标准支付劳动者工资的；

（四）解除劳动合同后，未依照本法规定给予劳动者经济补偿的。

第九十二条 用人单位的劳动安全设施和劳动卫生条件不符合国家规定或者未向劳动者提供必要的劳动防护用品和劳动保护设施的，由劳动行政部门或者有关部门责令改正，可以处以罚款;情节严重的,提请县级以上人民政府决定责令停产整顿;对事故隐患不采取措施,致使发生重大事故,造成劳动者生命和财产损失的,对责任人员依照刑法有关规定追究刑事责任。

第九十三条 用人单位强令劳动者违章冒险作业,发生重大伤亡事故,造成严重后果的,对责任人员依法追究刑事责任。

第九十四条 用人单位非法招用未满十六周岁的未成年人的,由劳动行政部门责令改正,处以罚款;情节严重的,由市场监督管理部门吊销营业执照。

第九十五条 用人单位违反本法对女职工和未成年工的保护规定,侵害其合法权益的,由劳动行政部门责令改正,处以罚款;对女职工或者未成年工造成损害的,应当承担赔偿责任。

第九十六条 用人单位有下列行为之一,由公安机关对责任人员处以十五日以下拘留、罚款或者警告;构成犯罪的,对责任人员依法追究刑事责任:

(一)以暴力、威胁或者非法限制人身自由的手段强迫劳动的;

(二)侮辱、体罚、殴打、非法搜查和拘禁劳动者的。

第九十七条 由于用人单位的原因订立的无效合同,对劳动者造成损害的,应当承担赔偿责任。

第九十八条 用人单位违反本法规定的条件解除劳动合同或者故意拖延不订立劳动合同的,由劳动行政部门责令改正;对劳动者造成损害的,应当承担赔偿责任。

第九十九条 用人单位招用尚未解除劳动合同的劳动者,对原用人单位造成经济损失的,该用人单位应当依法承担连带赔偿责任。

第一百条 用人单位无故不缴纳社会保险费的,由劳动行政部门责令其限期缴纳;逾期不缴的,可以加收滞纳金。

第一百零一条 用人单位无理阻挠劳动行政部门、有关部门及其工作人员行使监督检查权,打击报复举报人员的,由劳动行政部门或者有关部门处以罚款;构成犯罪的,对责任人员依法追究刑事责任。

第一百零二条 劳动者违反本法规定的条件解除劳动合同或者违反劳动合同中约定的保密事项,对用人单位造成经济损失的,应当依法承担赔偿责任。

第一百零三条 劳动行政部门或者有关部门的工作人员滥用职权、玩忽职守、徇私舞弊,构成犯罪的,依法追究刑事责任;不构成犯罪的,给予行政处分。

第一百零四条 国家工作人员和社会保险基金经办机构的工作人员挪用社会保险基金,构成犯罪的,依法追究刑事责任。

第一百零五条 违反本法规定侵害劳动者合法权益,其他法律、行政法规已规定处罚的,依照该法律、行政法规的规定处罚。

第十三章　附　　则

第一百零六条 省、自治区、直辖市人民政府根据本法和本地区的实际情况,规定劳动合同制度的实施步骤,报国务院备案。

第一百零七条 本法自1995年1月1日起施行。

中华人民共和国
劳动争议调解仲裁法

(2007年12月29日第十届全国人民代表大会常务委员会第三十一次会议通过 2007年12月29日中华人民共和国主席令第80号公布 自2008年5月1日起施行)

目 录

第一章 总 则
第二章 调 解
第三章 仲 裁
 第一节 一般规定
 第二节 申请和受理
 第三节 开庭和裁决
第四章 附 则

第一章 总　　则

第一条 为了公正及时解决劳动争议,保护当事人合法权益,促进劳动关系和谐稳定,制定本法。

第二条 中华人民共和国境内的用人单位与劳动者发生的下列劳动争议,适用本法:

(一) 因确认劳动关系发生的争议;

(二) 因订立、履行、变更、解除和终止劳动合同发生的争议;

(三) 因除名、辞退和辞职、离职发生的争议;

(四) 因工作时间、休息休假、社会保险、福利、培训以及劳动保护发生的争议;

(五) 因劳动报酬、工伤医疗费、经济补偿或者赔偿金等发生的争议;

(六) 法律、法规规定的其他劳动争议。

第三条 解决劳动争议,应当根据事实,遵循合法、公正、及时、着重调解的原则,依法保护当事人的合法权益。

第四条 发生劳动争议,劳动者可以与用人单位协商,也可以请工会或者第三方共同与用人单位协商,达成和解协议。

第五条 发生劳动争议,当事人不愿协商、协商不成或者达成和解协议后不履行的,可以向调解组织申请调解;不愿调解、调解不成或者达成调解协议后不履行的,可以向劳动争议仲裁委员会申请仲裁;对仲裁裁决不服的,除本法另有规定的外,可以向人民法院提起诉讼。

第六条 发生劳动争议,当事人对自己提出的主张,有责任提供证据。与争议事项有关的证据属于用人单位掌握管理的,用人单位应当提供;用人单位不提供的,应当承担不利后果。

第七条 发生劳动争议的劳动者一方在十人以上,并有共同请求的,可以推举代表参加调解、仲裁或者诉讼活动。

第八条 县级以上人民政府劳动行政部门会同工会和企业方面代表建立协调劳动关系三方机制,共同研究解决劳动争议的重大问题。

第九条 用人单位违反国家规定,拖欠或者未足额支付劳动报酬,或者拖欠工伤医疗费、经济补偿或者赔偿金的,劳动者可以向劳动行政部门投诉,劳动行政部门应当依法处理。

第二章 调 解

第十条 发生劳动争议,当事人可以到下列调解组织申请调解:

(一)企业劳动争议调解委员会;

(二)依法设立的基层人民调解组织;

(三)在乡镇、街道设立的具有劳动争议调解职能的组织。

企业劳动争议调解委员会由职工代表和企业代表组成。职工代表由工会成员担任或者由全体职工推举产生,企业代表由企业负责人指定。企业劳动争议调解委员会主任由工会成员或者双方推举的人员担任。

第十一条 劳动争议调解组织的调解员应当由公道正派、联系群众、热心调解工作,并具有一定法律知识、政策水平和文化水平的成年公民担任。

第十二条 当事人申请劳动争议调解可以书面申请,也可以口头申请。口头申请的,调解组织应当当场记录申请人基本情况、申请调解的争议事项、理由和时间。

第十三条 调解劳动争议,应当充分听取双方当事人对事实和理由的陈述,耐心疏导,帮助其达成协议。

第十四条 经调解达成协议的,应当制作调解协议书。

调解协议书由双方当事人签名或者盖章,经调解员签名并加盖调解组织印章后生效,对双方当事人具有约束力,当事人应当履行。

自劳动争议调解组织收到调解申请之日起十五日内未达成调解协议的,当事人可以依法申请仲裁。

第十五条 达成调解协议后,一方当事人在协议约定期限内不履行调解协议的,另一方当事人可以依法申请仲裁。

第十六条 因支付拖欠劳动报酬、工伤医疗费、经济补偿或者赔偿金事项达成调解协议,用人单位在协议约定期限内不履行的,劳动者可以持调解协议书依法向人民法院申请支付令。人民法院应当依法发出支付令。

第三章 仲 裁

第一节 一般规定

第十七条 劳动争议仲裁委员会按照统筹规划、合理布局和适应实际需要的原则设立。省、自治区人民政府可以决定在市、县设立;直辖市人民政府可以决定在区、县设立。直辖市、设区的市也可以设立一个或者若干个劳动争议仲裁委员会。劳动争议仲裁委员会不按行政区划层层设立。

第十八条 国务院劳动行政部门依照本法有关规定制定仲裁规则。省、自治区、直辖市人民政府劳动行政部门对本行政区域的劳动争议仲裁工作进行指导。

第十九条 劳动争议仲裁委员会由劳动行政部门代表、工会代表和企业方面代表组成。劳动争议仲裁委员会组成人员应当是单数。

劳动争议仲裁委员会依法履行下列职责:

(一) 聘任、解聘专职或者兼职仲裁员;

(二) 受理劳动争议案件;

(三) 讨论重大或者疑难的劳动争议案件;

(四) 对仲裁活动进行监督。

劳动争议仲裁委员会下设办事机构,负责办理劳动争议仲裁委员会的日常工作。

第二十条 劳动争议仲裁委员会应当设仲裁员名册。

仲裁员应当公道正派并符合下列条件之一:

(一) 曾任审判员的;

(二) 从事法律研究、教学工作并具有中级以上职称的;

（三）具有法律知识、从事人力资源管理或者工会等专业工作满五年的；

（四）律师执业满三年的。

第二十一条 劳动争议仲裁委员会负责管辖本区域内发生的劳动争议。

劳动争议由劳动合同履行地或者用人单位所在地的劳动争议仲裁委员会管辖。双方当事人分别向劳动合同履行地和用人单位所在地的劳动争议仲裁委员会申请仲裁的，由劳动合同履行地的劳动争议仲裁委员会管辖。

第二十二条 发生劳动争议的劳动者和用人单位为劳动争议仲裁案件的双方当事人。

劳务派遣单位或者用工单位与劳动者发生劳动争议的，劳务派遣单位和用工单位为共同当事人。

第二十三条 与劳动争议案件的处理结果有利害关系的第三人，可以申请参加仲裁活动或者由劳动争议仲裁委员会通知其参加仲裁活动。

第二十四条 当事人可以委托代理人参加仲裁活动。委托他人参加仲裁活动，应当向劳动争议仲裁委员会提交有委托人签名或者盖章的委托书，委托书应当载明委托事项和权限。

第二十五条 丧失或者部分丧失民事行为能力的劳动者,由其法定代理人代为参加仲裁活动;无法定代理人的,由劳动争议仲裁委员会为其指定代理人。劳动者死亡的,由其近亲属或者代理人参加仲裁活动。

第二十六条 劳动争议仲裁公开进行,但当事人协议不公开进行或者涉及国家秘密、商业秘密和个人隐私的除外。

第二节 申请和受理

第二十七条 劳动争议申请仲裁的时效期间为一年。仲裁时效期间从当事人知道或者应当知道其权利被侵害之日起计算。

前款规定的仲裁时效,因当事人一方向对方当事人主张权利,或者向有关部门请求权利救济,或者对方当事人同意履行义务而中断。从中断时起,仲裁时效期间重新计算。

因不可抗力或者有其他正当理由,当事人不能在本条第一款规定的仲裁时效期间申请仲裁的,仲裁时效中止。从中止时效的原因消除之日起,仲裁时效期间继续计算。

劳动关系存续期间因拖欠劳动报酬发生争议的,劳动者申请仲裁不受本条第一款规定的仲裁时效期间的限制;但是,劳动关系终止的,应当自劳动关系终止之日起一年内提出。

第二十八条 申请人申请仲裁应当提交书面仲裁申请，并按照被申请人人数提交副本。

仲裁申请书应当载明下列事项：

（一）劳动者的姓名、性别、年龄、职业、工作单位和住所，用人单位的名称、住所和法定代表人或者主要负责人的姓名、职务；

（二）仲裁请求和所根据的事实、理由；

（三）证据和证据来源、证人姓名和住所。

书写仲裁申请确有困难的，可以口头申请，由劳动争议仲裁委员会记入笔录，并告知对方当事人。

第二十九条 劳动争议仲裁委员会收到仲裁申请之日起五日内，认为符合受理条件的，应当受理，并通知申请人；认为不符合受理条件的，应当书面通知申请人不予受理，并说明理由。对劳动争议仲裁委员会不予受理或者逾期未作出决定的，申请人可以就该劳动争议事项向人民法院提起诉讼。

第三十条 劳动争议仲裁委员会受理仲裁申请后，应当在五日内将仲裁申请书副本送达被申请人。

被申请人收到仲裁申请书副本后，应当在十日内向劳动争议仲裁委员会提交答辩书。劳动争议仲裁委员会收到答辩书后，应当在五日内将答辩书副本送达申请人。被申请人未提交答辩书的,不影响仲裁程序的进行。

第三节 开庭和裁决

第三十一条 劳动争议仲裁委员会裁决劳动争议案件实行仲裁庭制。仲裁庭由三名仲裁员组成,设首席仲裁员。简单劳动争议案件可以由一名仲裁员独任仲裁。

第三十二条 劳动争议仲裁委员会应当在受理仲裁申请之日起五日内将仲裁庭的组成情况书面通知当事人。

第三十三条 仲裁员有下列情形之一,应当回避,当事人也有权以口头或者书面方式提出回避申请:

(一) 是本案当事人或者当事人、代理人的近亲属的;

(二) 与本案有利害关系的;

(三) 与本案当事人、代理人有其他关系,可能影响公正裁决的;

(四) 私自会见当事人、代理人,或者接受当事人、代理人的请客送礼的。

劳动争议仲裁委员会对回避申请应当及时作出决定,并以口头或者书面方式通知当事人。

第三十四条 仲裁员有本法第三十三条第四项规定情形的,或者有索贿受贿、徇私舞弊、枉法裁决行为的,应当依法担法律责任。劳动争议仲裁委员会应当将其解聘。

第三十五条 仲裁庭应当在开庭五日前,将开庭日期、地点书面通知双方当事人。当事人有正当理由的,可以在开庭三日前请求延期开庭。是否延期,由劳动争议仲裁委员会决定。

第三十六条 申请人收到书面通知,无正当理由拒不到庭或者未经仲裁庭同意中途退庭的,可以视为撤回仲裁申请。

被申请人收到书面通知,无正当理由拒不到庭或者未经仲裁庭同意中途退庭的,可以缺席裁决。

第三十七条 仲裁庭对专门性问题认为需要鉴定的,可以交由当事人约定的鉴定机构鉴定;当事人没有约定或者无法达成约定的,由仲裁庭指定的鉴定机构鉴定。

根据当事人的请求或者仲裁庭的要求,鉴定机构应当派鉴定人参加开庭。当事人经仲裁庭许可,可以向鉴定人提问。

第三十八条 当事人在仲裁过程中有权进行质证和辩论。质证和辩论终结时,首席仲裁员或者独任仲裁员应当征询当事人的最后意见。

第三十九条 当事人提供的证据经查证属实的,仲裁庭应当将其作为认定事实的根据。

劳动者无法提供由用人单位掌握管理的与仲裁请求有关

的证据，仲裁庭可以要求用人单位在指定期限内提供。用人单位在指定期限内不提供的，应当承担不利后果。

第四十条 仲裁庭应当将开庭情况记入笔录。当事人和其他仲裁参加人认为对自己陈述的记录有遗漏或者差错，有权申请补正。如果不予补正，应当记录该申请。

笔录由仲裁员、记录人员、当事人和其他仲裁参加人签名或者盖章。

第四十一条 当事人申请劳动争议仲裁后，可以自行和解。达成和解协议的，可以撤回仲裁申请。

第四十二条 仲裁庭在作出裁决前，应当先行调解。

调解达成协议的，仲裁庭应当制作调解书。

调解书应当写明仲裁请求和当事人协议的结果。调解书由仲裁员签名，加盖劳动争议仲裁委员会印章，送达双方当事人。调解书经双方当事人签收后，发生法律效力。

调解不成或者调解书送达前，一方当事人反悔的，仲裁庭应当及时作出裁决。

第四十三条 仲裁庭裁决劳动争议案件，应当自劳动争议仲裁委员会受理仲裁申请之日起四十五日内结束。案情复杂需要延期的，经劳动争议仲裁委员会主任批准，可以延期并书面通知当事人，但是延长期限不得超过十五日。逾期作出仲裁裁决的，当事人可以就该劳动争议事项向人民法院提起诉讼。

仲裁庭裁决劳动争议案件时，其中一部分事实已经清楚，可以就该部分先行裁决。

第四十四条 仲裁庭对追索劳动报酬、工伤医疗费、经济补偿或者赔偿金的案件，根据当事人的申请，可以裁决先予执行，移送人民法院执行。

仲裁庭裁决先予执行的，应当符合下列条件：

（一）当事人之间权利义务关系明确；

（二）不先予执行将严重影响申请人的生活。

劳动者申请先予执行的，可以不提供担保。

第四十五条 裁决应当按照多数仲裁员的意见作出，少数仲裁员的不同意见应当记入笔录。仲裁庭不能形成多数意见时，裁决应当按照首席仲裁员的意见作出。

第四十六条 裁决书应当载明仲裁请求、争议事实、裁决理由、裁决结果和裁决日期。裁决书由仲裁员签名，加盖劳动争议仲裁委员会印章。对裁决持不同意见的仲裁员，可以签名，也可以不签名。

第四十七条 下列劳动争议，除本法另有规定的外，仲裁裁决为终局裁决，裁决书自作出之日起发生法律效力：

（一）追索劳动报酬、工伤医疗费、经济补偿或者赔偿金，不超过当地月最低工资标准十二个月金额的争议；

（二）因执行国家的劳动标准在工作时间、休息休假、社会保险等方面发生的争议。

第四十八条 劳动者对本法第四十七条规定的仲裁裁决不服的，可以自收到仲裁裁决书之日起十五日内向人民法院提起诉讼。

第四十九条 用人单位有证据证明本法第四十七条规定的仲裁裁决有下列情形之一，可以自收到仲裁裁决书之日起三十日内向劳动争议仲裁委员会所在地的中级人民法院申请撤销裁决：

（一）适用法律、法规确有错误的；

（二）劳动争议仲裁委员会无管辖权的；

（三）违反法定程序的；

（四）裁决所根据的证据是伪造的；

（五）对方当事人隐瞒了足以影响公正裁决的证据的；

（六）仲裁员在仲裁该案时有索贿受贿、徇私舞弊、枉法裁决行为的。

人民法院经组成合议庭审查核实裁决有前款规定情形之一的，应当裁定撤销。

仲裁裁决被人民法院裁定撤销的，当事人可以自收到裁定书之日起十五日内就该劳动争议事项向人民法院提起诉讼。

第五十条 当事人对本法第四十七条规定以外的其他劳动争议案件的仲裁裁决不服的，可以自收到仲裁裁决书之日起十五日内向人民法院提起诉讼；期满不起诉的，裁决书发生法律效力。

第五十一条 当事人对发生法律效力的调解书、裁决书，应当依照规定的期限履行。一方当事人逾期不履行的，另一方当事人可以依照民事诉讼法的有关规定向人民法院申请执行。受理申请的人民法院应当依法执行。

第四章 附　　则

第五十二条 事业单位实行聘用制的工作人员与本单位发生劳动争议的，依照本法执行；法律、行政法规或者国务院另有规定的，依照其规定。

第五十三条 劳动争议仲裁不收费。劳动争议仲裁委员会的经费由财政予以保障。

第五十四条 本法自2008年5月1日起施行。

最高人民法院关于审理劳动争议案件适用法律问题的解释（一）

（2020年12月25日最高人民法院审判委员会第1825次会议通过 2020年12月29日最高人民法院公告公布 自2021年1月1日起施行 法释〔2020〕26号）

为正确审理劳动争议案件，根据《中华人民共和国民法典》《中华人民共和国劳动法》《中华人民共和国劳动合同法》《中华人民共和国劳动争议调解仲裁法》《中华人民共和国民事诉讼法》等相关法律规定，结合审判实践，制定本解释。

第一条 劳动者与用人单位之间发生的下列纠纷，属于劳动争议，当事人不服劳动争议仲裁机构作出的裁决，依法提起诉讼的，人民法院应予受理：

（一）劳动者与用人单位在履行劳动合同过程中发生的纠纷；

（二）劳动者与用人单位之间没有订立书面劳动合同，但已形成劳动关系后发生的纠纷；

（三）劳动者与用人单位因劳动关系是否已经解除或者终止，以及应否支付解除或者终止劳动关系经济补偿金发生的纠纷；

（四）劳动者与用人单位解除或者终止劳动关系后，请求用人单位返还其收取的劳动合同定金、保证金、抵押金、抵押物发生的纠纷，或者办理劳动者的人事档案、社会保险关系等移转手续发生的纠纷；

（五）劳动者以用人单位未为其办理社会保险手续，且社会保险经办机构不能补办导致其无法享受社会保险待遇为由，要求用人单位赔偿损失发生的纠纷；

（六）劳动者退休后，与尚未参加社会保险统筹的原用人单位因追索养老金、医疗费、工伤保险待遇和其他社会保险待遇而发生的纠纷；

（七）劳动者因为工伤、职业病，请求用人单位依法给予工伤保险待遇发生的纠纷；

（八）劳动者依据劳动合同法第八十五条规定，要求用人单位支付加付赔偿金发生的纠纷；

（九）因企业自主进行改制发生的纠纷。

第二条 下列纠纷不属于劳动争议：

（一）劳动者请求社会保险经办机构发放社会保险金的

纠纷；

（二）劳动者与用人单位因住房制度改革产生的公有住房转让纠纷；

（三）劳动者对劳动能力鉴定委员会的伤残等级鉴定结论或者对职业病诊断鉴定委员会的职业病诊断鉴定结论的异议纠纷；

（四）家庭或者个人与家政服务人员之间的纠纷；

（五）个体工匠与帮工、学徒之间的纠纷；

（六）农村承包经营户与受雇人之间的纠纷。

第三条 劳动争议案件由用人单位所在地或者劳动合同履行地的基层人民法院管辖。

劳动合同履行地不明确的，由用人单位所在地的基层人民法院管辖。

法律另有规定的，依照其规定。

第四条 劳动者与用人单位均不服劳动争议仲裁机构的同一裁决，向同一人民法院起诉的，人民法院应当并案审理，双方当事人互为原告和被告，对双方的诉讼请求，人民法院应当一并作出裁决。在诉讼过程中，一方当事人撤诉的，人民法院应当根据另一方当事人的诉讼请求继续审理。双方当事人就同一仲裁裁决分别向有管辖权的人民法院起诉的，后受理的人民法院应当将案件移送给先受理的人民法院。

第五条 劳动争议仲裁机构以无管辖权为由对劳动争议案件不予受理,当事人提起诉讼的,人民法院按照以下情形分别处理:

(一)经审查认为该劳动争议仲裁机构对案件确无管辖权的,应当告知当事人向有管辖权的劳动争议仲裁机构申请仲裁;

(二)经审查认为该劳动争议仲裁机构有管辖权的,应当告知当事人申请仲裁,并将审查意见书面通知该劳动争议仲裁机构;劳动争议仲裁机构仍不受理,当事人就该劳动争议事项提起诉讼的,人民法院应予受理。

第六条 劳动争议仲裁机构以当事人申请仲裁的事项不属于劳动争议为由,作出不予受理的书面裁决、决定或者通知,当事人不服依法提起诉讼的,人民法院应当分别情况予以处理:

(一)属于劳动争议案件的,应当受理;

(二)虽不属于劳动争议案件,但属于人民法院主管的其他案件,应当依法受理。

第七条 劳动争议仲裁机构以申请仲裁的主体不适格为由,作出不予受理的书面裁决、决定或者通知,当事人不服依法提起诉讼，经审查确属主体不适格的，人民法院不予受理；已经受理的，裁定驳回起诉。

第八条 劳动争议仲裁机构为纠正原仲裁裁决错误重新作出裁决，当事人不服依法提起诉讼的，人民法院应当受理。

第九条 劳动争议仲裁机构仲裁的事项不属于人民法院受理的案件范围，当事人不服依法提起诉讼的，人民法院不予受理；已经受理的，裁定驳回起诉。

第十条 当事人不服劳动争议仲裁机构作出的预先支付劳动者劳动报酬、工伤医疗费、经济补偿或者赔偿金的裁决，依法提起诉讼的，人民法院不予受理。

用人单位不履行上述裁决中的给付义务，劳动者依法申请强制执行的，人民法院应予受理。

第十一条 劳动争议仲裁机构作出的调解书已经发生法律效力，一方当事人反悔提起诉讼的，人民法院不予受理；已经受理的，裁定驳回起诉。

第十二条 劳动争议仲裁机构逾期未作出受理决定或仲裁裁决，当事人直接提起诉讼的，人民法院应予受理，但申请仲裁的案件存在下列事由的除外：

（一）移送管辖的；

（二）正在送达或者送达延误的；

（三）等待另案诉讼结果、评残结论的；

（四）正在等待劳动争议仲裁机构开庭的；

（五）启动鉴定程序或者委托其他部门调查取证的；

（六）其他正当事由。

当事人以劳动争议仲裁机构逾期未作出仲裁裁决为由提起诉讼的，应当提交该仲裁机构出具的受理通知书或者其他已接受仲裁申请的凭证、证明。

第十三条 劳动者依据劳动合同法第三十条第二款和调解仲裁法第十六条规定向人民法院申请支付令，符合民事诉讼法第十七章督促程序规定的，人民法院应予受理。

依据劳动合同法第三十条第二款规定申请支付令被人民法院裁定终结督促程序后，劳动者就劳动争议事项直接提起诉讼的，人民法院应当告知其先向劳动争议仲裁机构申请仲裁。

依据调解仲裁法第十六条规定申请支付令被人民法院裁定终结督促程序后，劳动者依据调解协议直接提起诉讼的，人民法院应予受理。

第十四条 人民法院受理劳动争议案件后，当事人增加诉讼请求的，如该诉讼请求与讼争的劳动争议具有不可分性，应当合并审理；如属独立的劳动争议，应当告知当事人向劳动争议仲裁机构申请仲裁。

第十五条 劳动者以用人单位的工资欠条为证据直接提起诉讼,诉讼请求不涉及劳动关系其他争议的,视为拖欠劳动报酬争议,人民法院按照普通民事纠纷受理。

第十六条 劳动争议仲裁机构作出仲裁裁决后,当事人对裁决中的部分事项不服,依法提起诉讼的,劳动争议仲裁裁决不发生法律效力。

第十七条 劳动争议仲裁机构对多个劳动者的劳动争议作出仲裁裁决后,部分劳动者对仲裁裁决不服,依法提起诉讼的,仲裁裁决对提起诉讼的劳动者不发生法律效力;对未提起诉讼的部分劳动者,发生法律效力,如其申请执行的,人民法院应当受理。

第十八条 仲裁裁决的类型以仲裁裁决书确定为准。仲裁裁决书未载明该裁决为终局裁决或者非终局裁决,用人单位不服该仲裁裁决向基层人民法院提起诉讼的,应当按照以下情形分别处理:

(一)经审查认为该仲裁裁决为非终局裁决的,基层人民法院应予受理;

(二)经审查认为该仲裁裁决为终局裁决的,基层人民法院不予受理,但应告知用人单位可以自收到不予受理裁定书之日起三十日内向劳动争议仲裁机构所在地的中级人民法院申请撤销该仲裁裁决；已经受理的，裁定驳回起诉。

第十九条 仲裁裁决书未载明该裁决为终局裁决或者非终局裁决，劳动者依据调解仲裁法第四十七条第一项规定，追索劳动报酬、工伤医疗费、经济补偿或者赔偿金，如果仲裁裁决涉及数项，每项确定的数额均不超过当地月最低工资标准十二个月金额的，应当按照终局裁决处理。

第二十条 劳动争议仲裁机构作出的同一仲裁裁决同时包含终局裁决事项和非终局裁决事项，当事人不服该仲裁裁决向人民法院提起诉讼的，应当按照非终局裁决处理。

第二十一条 劳动者依据调解仲裁法第四十八条规定向基层人民法院提起诉讼，用人单位依据调解仲裁法第四十九条规定向劳动争议仲裁机构所在地的中级人民法院申请撤销仲裁裁决的，中级人民法院应当不予受理；已经受理的，应当裁定驳回申请。

被人民法院驳回起诉或者劳动者撤诉的，用人单位可以自收到裁定书之日起三十日内，向劳动争议仲裁机构所在地的中级人民法院申请撤销仲裁裁决。

第二十二条 用人单位依据调解仲裁法第四十九条规定向中级人民法院申请撤销仲裁裁决，中级人民法院作出的驳回申请或者撤销仲裁裁决的裁定为终审裁定。

第二十三条 中级人民法院审理用人单位申请撤销终局裁决的案件,应当组成合议庭开庭审理。经过阅卷、调查和询问当事人,对没有新的事实、证据或者理由,合议庭认为不需要开庭审理的,可以不开庭审理。

中级人民法院可以组织双方当事人调解。达成调解协议的,可以制作调解书。一方当事人逾期不履行调解协议的,另一方可以申请人民法院强制执行。

第二十四条 当事人申请人民法院执行劳动争议仲裁机构作出的发生法律效力的裁决书、调解书,被申请人提出据证明劳动争议仲裁裁决书、调解书有下列情形之一,并经审查核实的,人民法院可以根据民事诉讼法第二百三十七条规定,裁定不予执行:

(一)裁决的事项不属于劳动争议仲裁范围,或者劳动争议仲裁机构无权仲裁的;

(二)适用法律、法规确有错误的;

(三)违反法定程序的;

(四)裁决所根据的证据是伪造的;

(五)对方当事人隐瞒了足以影响公正裁决的证据的;

(六)仲裁员在仲裁该案时有索贿受贿、徇私舞弊、枉法裁决行为的；

（七）人民法院认定执行该劳动争议仲裁裁决违背社会公共利益的。

人民法院在不予执行的裁定书中，应当告知当事人在收到裁定书之次日起三十日内，可以就该劳动争议事项向人民法院提起诉讼。

第二十五条 劳动争议仲裁机构作出终局裁决，劳动者向人民法院申请执行，用人单位向劳动争议仲裁机构所在地的中级人民法院申请撤销的，人民法院应当裁定中止执行。

用人单位撤回撤销终局裁决申请或者其申请被驳回的，人民法院应当裁定恢复执行。仲裁裁决被撤销的，人民法院应当裁定终结执行。

用人单位向人民法院申请撤销仲裁裁决被驳回后，又在执行程序中以相同理由提出不予执行抗辩的，人民法院不予支持。

第二十六条 用人单位与其他单位合并的，合并前发生的劳动争议，由合并后的单位为当事人；用人单位分立为若干单位的，其分立前发生的劳动争议，由分立后的实际用人单位为当事人。

用人单位分立为若干单位后，具体承受劳动权利义务的单位不明确的，分立后的单位均为当事人。

第二十七条 用人单位招用尚未解除劳动合同的劳动者，原用人单位与劳动者发生的劳动争议，可以列新的用人单位为第三人。

原用人单位以新的用人单位侵权为由提起诉讼的，可以列劳动者为第三人。

原用人单位以新的用人单位和劳动者共同侵权为由提起诉讼的，新的用人单位和劳动者列为共同被告。

第二十八条 劳动者在用人单位与其他平等主体之间的承包经营期间，与发包方和承包方双方或者一方发生劳动争议，依法提起诉讼的，应当将承包方和发包方作为当事人。

第二十九条 劳动者与未办理营业执照、营业执照被吊销或者营业期限届满仍继续经营的用人单位发生争议的，应当将用人单位或者其出资人列为当事人。

第三十条 未办理营业执照、营业执照被吊销或者营业期限届满仍继续经营的用人单位，以挂靠等方式借用他人营业执照经营的，应当将用人单位和营业执照出借方列为当事人。

第三十一条 当事人不服劳动争议仲裁机构作出的仲裁裁决，依法提起诉讼，人民法院审查认为仲裁裁决遗漏了必须共同参加仲裁的当事人的,应当依法追加遗漏的人为诉讼当事人。

被追加的当事人应当承担责任的,人民法院应当一并处理。

第三十二条 用人单位与其招用的已经依法享受养老保险待遇或者领取退休金的人员发生用工争议而提起诉讼的,人民法院应当按劳务关系处理。①

企业停薪留职人员、未达到法定退休年龄的内退人员、下岗待岗人员以及企业经营性停产放长假人员,因与新的用人单位发生用工争议而提起诉讼的,人民法院应当按劳动关系处理。

第三十三条 外国人、无国籍人未依法取得就业证件即与中华人民共和国境内的用人单位签订劳动合同,当事人请求确认与用人单位存在劳动关系的,人民法院不予支持。

持有《外国专家证》并取得《外国人来华工作许可证》的外国人,与中华人民共和国境内的用人单位建立用工关系的,可以认定为劳动关系。

第三十四条 劳动合同期满后,劳动者仍在原用人单位

---

① 根据《最高人民法院关于审理劳动争议案件适用法律问题的解释(二)》,本款自2025年9月1日起废止。

工作,原用人单位未表示异议的,视为双方同意以原条件继续履行劳动合同。一方提出终止劳动关系的,人民法院应予支持。

根据劳动合同法第十四条规定,用人单位应当与劳动者签订无固定期限劳动合同而未签订的,人民法院可以视为双方之间存在无固定期限劳动合同关系,并以原劳动合同确定双方的权利义务关系。

第三十五条 劳动者与用人单位就解除或者终止劳动合同办理相关手续、支付工资报酬、加班费、经济补偿或者赔偿金等达成的协议,不违反法律、行政法规的强制性规定,且不存在欺诈、胁迫或者乘人之危情形的,应当认定有效。

前款协议存在重大误解或者显失公平情形,当事人请求撤销的,人民法院应予支持。

第三十六条 当事人在劳动合同或者保密协议中约定了竞业限制,但未约定解除或者终止劳动合同后给予劳动者经济补偿,劳动者履行了竞业限制义务,要求用人单位按照劳动者在劳动合同解除或者终止前十二个月平均工资的30%按月支付经济补偿的,人民法院应予支持。

前款规定的月平均工资的30%低于劳动合同履行地最低工资标准的,按照劳动合同履行地最低工资标准支付。

第三十七条 当事人在劳动合同或者保密协议中约定了竞业限制和经济补偿,当事人解除劳动合同时,除另有约定外,用人单位要求劳动者履行竞业限制义务,或者劳动者履行了竞业限制义务后要求用人单位支付经济补偿的,人民法院应予支持。

第三十八条 当事人在劳动合同或者保密协议中约定了竞业限制和经济补偿,劳动合同解除或者终止后,因用人单位的原因导致三个月未支付经济补偿,劳动者请求解除竞业限制约定的,人民法院应予支持。

第三十九条 在竞业限制期限内,用人单位请求解除竞业限制协议的,人民法院应予支持。

在解除竞业限制协议时,劳动者请求用人单位额外支付劳动者三个月的竞业限制经济补偿的,人民法院应予支持。

第四十条 劳动者违反竞业限制约定,向用人单位支付违约金后,用人单位要求劳动者按照约定继续履行竞业限制义务的,人民法院应予支持。

第四十一条 劳动合同被确认为无效,劳动者已付出劳动的,用人单位应当按照劳动合同法第二十八条、第四十六条、第四十七条的规定向劳动者支付劳动报酬和经济补偿。

由于用人单位原因订立无效劳动合同,给劳动者造成损害的,用人单位应当赔偿劳动者因合同无效所造成的经济损失。

第四十二条 劳动者主张加班费的,应当就加班事实的存在承担举证责任。但劳动者有证据证明用人单位掌握加班事实存在的证据,用人单位不提供的,由用人单位承担不利后果。

第四十三条 用人单位与劳动者协商一致变更劳动合同,虽未采用书面形式,但已经实际履行了口头变更的劳动合同超过一个月,变更后的劳动合同内容不违反法律、行政法规且不违背公序良俗,当事人以未采用书面形式为由主张劳动合同变更无效的,人民法院不予支持。

第四十四条 因用人单位作出的开除、除名、辞退、解除劳动合同、减少劳动报酬、计算劳动者工作年限等决定而发生的劳动争议,用人单位负举证责任。

第四十五条 用人单位有下列情形之一,迫使劳动者提出解除劳动合同的,用人单位应当支付劳动者的劳动报酬和经济补偿,并可支付赔偿金:

(一)以暴力、威胁或者非法限制人身自由的手段强迫劳动的;

(二)未按照劳动合同约定支付劳动报酬或者提供劳动条

牛的；

（三）克扣或者无故拖欠劳动者工资的；

（四）拒不支付劳动者延长工作时间工资报酬的；

（五）低于当地最低工资标准支付劳动者工资的。

第四十六条 劳动者非因本人原因从原用人单位被安排到新用人单位工作，原用人单位未支付经济补偿，劳动者依据劳动合同法第三十八条规定与新用人单位解除劳动合同，或者新用人单位向劳动者提出解除、终止劳动合同，在计算支付经济补偿或赔偿金的工作年限时，劳动者请求把在原用人单位的工作年限合并计算为新用人单位工作年限的，人民法院应予支持。

用人单位符合下列情形之一的，应当认定属于"劳动者非因本人原因从原用人单位被安排到新用人单位工作"：

（一）劳动者仍在原工作场所、工作岗位工作，劳动合同主体由原用人单位变更为新用人单位；

（二）用人单位以组织委派或任命形式对劳动者进行工作调动；

（三）因用人单位合并、分立等原因导致劳动者工作调动；

（四）用人单位及其关联企业与劳动者轮流订立劳动合同；

（五）其他合理情形。

第四十七条 建立了工会组织的用人单位解除劳动合同符合劳动合同法第三十九条、第四十条规定,但未按照劳动合同法第四十三条规定事先通知工会,劳动者以用人单位违法解除劳动合同为由请求用人单位支付赔偿金的,人民法院应予支持,但起诉前用人单位已经补正有关程序的除外。

第四十八条 劳动合同法施行后,因用人单位经营期限届满不再继续经营导致劳动合同不能继续履行,劳动者请求用人单位支付经济补偿的,人民法院应予支持。

第四十九条 在诉讼过程中,劳动者向人民法院申请采取财产保全措施,人民法院经审查认为申请人经济确有困难,或者有证据证明用人单位存在欠薪逃匿可能的,应当减轻或者免除劳动者提供担保的义务,及时采取保全措施。

人民法院作出的财产保全裁定中,应当告知当事人在劳动争议仲裁机构的裁决书或者在人民法院的裁判文书生效后三个月内申请强制执行。逾期不申请的,人民法院应当裁定解除保全措施。

第五十条 用人单位根据劳动合同法第四条规定,通过民主程序制定的规章制度,不违反国家法律、行政法规及政策规定,并已向劳动者公示的,可以作为确定双方权利义务的依据。

用人单位制定的内部规章制度与集体合同或者劳动合同约定的内容不一致，劳动者请求优先适用合同约定的，人民法院应予支持。

第五十一条 当事人在调解仲裁法第十条规定的调解组织主持下达成的具有劳动权利义务内容的调解协议，具有劳动合同的约束力，可以作为人民法院裁判的根据。

当事人在调解仲裁法第十条规定的调解组织主持下仅就劳动报酬争议达成调解协议，用人单位不履行调解协议确定的给付义务，劳动者直接提起诉讼的，人民法院可以按照普通民事纠纷受理。

第五十二条 当事人在人民调解委员会主持下仅就给付义务达成的调解协议，双方认为有必要的，可以共同向人民调解委员会所在地的基层人民法院申请司法确认。

第五十三条 用人单位对劳动者作出的开除、除名、辞退等处理，或者因其他原因解除劳动合同确有错误的，人民法院可以依法判决予以撤销。

对于追索劳动报酬、养老金、医疗费以及工伤保险待遇、经济补偿金、培训费及其他相关费用等案件，给付数额不当的，人民法院可以予以变更。

第五十四条 本解释自2021年1月1日起施行。

最高人民法院关于审理劳动争议案件适用法律问题的解释（二）

（2025年2月17日最高人民法院审判委员会第1942次会议通过　2025年7月31日最高人民法院公告公布　自2025年9月1日起施行　法释〔2025〕12号）

为正确审理劳动争议案件，根据《中华人民共和国民法典》《中华人民共和国劳动法》《中华人民共和国劳动合同法》《中华人民共和国民事诉讼法》《中华人民共和国劳动争议调解仲裁法》等相关法律规定，结合审判实践，制定本解释。

第一条　具备合法经营资格的承包人将承包业务转包或者分包给不具备合法经营资格的组织或者个人，该组织或者个人招用的劳动者请求确认承包人为承担用工主体责任单位，承担支付劳动报酬、认定工伤后的工伤保险待遇等责任的，人民法院依法予以支持。

第二条　不具备合法经营资格的组织或者个人挂靠具备合法经营资格的单位对外经营，该组织或者个人招用的劳动者请求确认被挂靠单位为承担用工主体责任单位，承担支付劳动报酬、认定工伤后的工伤保险待遇等责任的，人民法院依法予以支持。

第三条 劳动者被多个存在关联关系的单位交替或者同时用工，其请求确认劳动关系的，人民法院按照下列情形分别处理：

（一）已订立书面劳动合同，劳动者请求按照劳动合同确认劳动关系的，人民法院依法予以支持；

（二）未订立书面劳动合同的，根据用工管理行为，综合考虑工作时间、工作内容、劳动报酬支付、社会保险费缴纳等因素确认劳动关系。

劳动者请求符合前款第二项规定情形的关联单位共同承担支付劳动报酬、福利待遇等责任的，人民法院依法予以支持，但关联单位之间依法对劳动者的劳动报酬、福利待遇等作出约定且经劳动者同意的除外。

第四条 外国人与中华人民共和国境内的用人单位建立用工关系，有下列情形之一，外国人请求确认与用人单位存在劳动关系的，人民法院依法予以支持：

（一）已取得永久居留资格的；

（二）已取得工作许可且在中国境内合法停留居留的；

（三）按照国家有关规定办理相关手续的。

第五条 依法设立的外国企业常驻代表机构可以作为劳动争议案件的当事人。当事人申请追加外国企业参加诉讼的，人民法院依法予以支持。

第六条 用人单位未依法与劳动者订立书面劳动合同应当支付劳动者的二倍工资按月计算；不满一个月的，按该月实际工作日计算。

第七条 劳动者以用人单位未订立书面劳动合同为由，请求用人单位支付二倍工资的，人民法院依法予以支持，但用人单位举证证明存在下列情形之一的除外：

（一）因不可抗力导致未订立的；

（二）因劳动者本人故意或者重大过失未订立的；

（三）法律、行政法规规定的其他情形。

第八条 劳动合同期满，有下列情形之一的，人民法院认定劳动合同期限依法自动续延，不属于用人单位未订立书面劳动合同的情形：

（一）劳动合同法第四十二条规定的用人单位不得解除劳动合同的；

（二）劳动合同法实施条例第十七条规定的服务期尚未到期的；

(三）工会法第十九条规定的任期未届满的。

第九条 有证据证明存在劳动合同法第十四条第三款规定的"视为用人单位与劳动者已订立无固定期限劳动合同"情形，劳动者请求与用人单位订立书面劳动合同的，人民法院依法予以支持；劳动者以用人单位未及时补订书面劳动合同为由，请求用人单位支付视为已与劳动者订立无固定期限劳动合同期间二倍工资的，人民法院不予支持。

第十条 有下列情形之一的，人民法院应认定为符合劳动合同法第十四条第二款第三项"连续订立二次固定期限劳动合同"的规定：

（一）用人单位与劳动者协商延长劳动合同期限累计达到一年以上，延长期限届满的；

（二）用人单位与劳动者约定劳动合同期满后自动续延，续延期限届满的；

（三）劳动者非因本人原因仍在原工作场所、工作岗位工作，用人单位变换劳动合同订立主体，但继续对劳动者进行劳动管理，合同期限届满的；

（四）以其他违反诚信原则的规避行为再次订立劳动合同，期限届满的。

第十一条 劳动合同期满后，劳动者仍在用人单位工作，用人单位未表示异议超过一个月,劳动者请求用人单位以原条件续订劳动合同的,人民法院依法予以支持。

符合订立无固定期限劳动合同情形,劳动者请求用人单位以原条件订立无固定期限劳动合同的,人民法院依法予以支持。

用人单位解除劳动合同,劳动者请求用人单位依法承担解除劳动合同法律后果的,人民法院依法予以支持。

第十二条 除向劳动者支付正常劳动报酬外,用人单位与劳动者约定服务期限并提供特殊待遇,劳动者违反约定提前解除劳动合同且不符合劳动合同法第三十八条规定的单方解除劳动合同情形时,用人单位请求劳动者承担赔偿损失责任的,人民法院可以综合考虑实际损失、当事人的过错程度、已经履行的年限等因素确定劳动者应当承担的赔偿责任。

第十三条 劳动者未知悉、接触用人单位的商业秘密和与知识产权相关的保密事项,劳动者请求确认竞业限制条款不生效的,人民法院依法予以支持。

竞业限制条款约定的竞业限制范围、地域、期限等内容与劳动者知悉、接触的商业秘密和与知识产权相关的保密事项不相适应,劳动者请求确认竞业限制条款超过合理比例部分无效的,人民法院依法予以支持。

第十四条 用人单位与高级管理人员、高级技术人员和其他负有保密义务的人员约定在职期间竞业限制条款,劳动者以不得约定在职期间竞业限制、未支付经济补偿为由请求确认竞业限制条款无效的,人民法院不予支持。

第十五条 劳动者违反有效的竞业限制约定,用人单位请求劳动者按照约定返还已经支付的经济补偿并支付违约金的,人民法院依法予以支持。

第十六条 用人单位违法解除或者终止劳动合同后,有下列情形之一的,人民法院可以认定为劳动合同法第四十八条规定的"劳动合同已经不能继续履行":

(一)劳动合同在仲裁或者诉讼过程中期满且不存在应当依法续订、续延劳动合同情形的;

(二)劳动者开始依法享受基本养老保险待遇的;

(三)用人单位被宣告破产的;

(四)用人单位解散的,但因合并或者分立需要解散的除外;

(五)劳动者已经与其他用人单位建立劳动关系,对完成用人单位的工作任务造成严重影响,或者经用人单位提出,不与其他用人单位解除劳动合同的;

(六)存在劳动合同客观不能履行的其他情形的。

第十七条 用人单位未按照国务院安全生产监督管理部门、卫生行政部门的规定组织从事接触职业病危害作业的劳动者进行离岗前的职业健康检查,劳动者在双方解除劳动合同后请求继续履行劳动合同的,人民法院依法予以支持,但有下列情形之一的除外:

(一)一审法庭辩论终结前,用人单位已经组织劳动者进行职业健康检查且经检查劳动者未患职业病的;

(二)一审法庭辩论终结前,用人单位组织劳动者进行职业健康检查,劳动者无正当理由拒绝检查的。

第十八条 用人单位违法解除、终止可以继续履行的劳动合同,劳动者请求用人单位支付违法解除、终止决定作出后至劳动合同继续履行前一日工资的,用人单位应当按照劳动者提供正常劳动时的工资标准向劳动者支付上述期间的工资。

用人单位、劳动者对于劳动合同解除、终止都有过错的,应当各自承担相应的责任。

第十九条 用人单位与劳动者约定或者劳动者向用人单位承诺无需缴纳社会保险费的,人民法院应当认定该约定或者承诺无效。用人单位未依法缴纳社会保险费,劳动者根据劳动合同法第三十八条第一款第三项规定请求解除劳动合同、由用人单位支付经济补偿的，人民法院依法予以支持。

有前款规定情形，用人单位依法补缴社会保险费后，请求劳动者返还已支付的社会保险费补偿的，人民法院依法予以支持。

第二十条 当事人在仲裁期间因自身原因未提出仲裁时效抗辩，在一审或者二审诉讼期间提出仲裁时效抗辩的，人民法院不予支持。当事人基于新的证据能够证明对方当事人请求权的仲裁时效期间届满的，人民法院应予支持。

当事人未按照前款规定提出仲裁时效抗辩，以仲裁时效期间届满为由申请再审或者提出再审抗辩的，人民法院不予支持。

第二十一条 本解释自2025年9月1日起施行。《最高人民法院关于审理劳动争议案件适用法律问题的解释（一）》（法释〔2020〕26号）第三十二条第一款同时废止。最高人民法院此前发布的司法解释与本解释不一致的，以本解释为准。

附录二 实用工具

1. 劳动合同[①]

（通 用）

甲方（用人单位）：_____
乙方（劳 动 者）：_____
签 订 日 期：____年__月__日

注 意 事 项

一、本合同文本供用人单位与建立劳动关系的劳动者签订劳动合同时使用。

[①] 来源：《人力资源社会保障部关于发布劳动合同示范文本的说明》。

二、用人单位应当与招用的劳动者自用工之日起一个月内依法订立书面劳动合同,并就劳动合同的内容协商一致。

三、用人单位应当如实告知劳动者工作内容、工作条件、工作地点、职业危害、安全生产状况、劳动报酬以及劳动者要求了解的其他情况;用人单位有权了解劳动者与劳动合同直接相关的基本情况,劳动者应当如实说明。

四、依法签订的劳动合同具有法律效力,双方应按照劳动合同的约定全面履行各自的义务。

五、劳动合同应使用蓝、黑钢笔或签字笔填写,字迹清楚,文字简练、准确,不得涂改。确需涂改的,双方应在涂改处签字或盖章确认。

六、签订劳动合同,用人单位应加盖公章,法定代表人(主要负责人)或委托代理人签字或盖章;劳动者应本人签字,不得由他人代签。劳动合同由双方各执一份,交劳动者的不得由用人单位代为保管。

甲方(用人单位):＿＿＿＿＿＿＿＿＿＿

统一社会信用代码:＿＿＿＿＿＿＿＿＿＿

法定代表人(主要负责人)或委托代理人:＿＿＿

注 册 地:＿＿＿＿＿＿＿＿＿＿

经 营 地：_____

联系电话：_____

乙方（劳动者）：_____

居民身份证号码：_____

(或其他有效证件名称_____证件号：_____)

户籍地址：_____

经常居住地（通讯地址）：_____

联系电话：_____

根据《中华人民共和国劳动法》《中华人民共和国劳动合同法》等法律法规政策规定，甲乙双方遵循合法、公平、平等自愿、协商一致、诚实信用的原则订立本合同。

一、劳动合同期限

第一条 甲乙双方自用工之日起建立劳动关系，双方约定按下列第____种方式确定劳动合同期限：

1. 固定期限：自____年____月____日起至____年____月____日止，其中，试用期从用工之日起至____年____

月____日止。

2. 无固定期限：自_____年____月____日起至依法解除、终止劳动合同时止，其中，试用期从用工之日起至_____年____月____日止。

3. 以完成一定工作任务为期限：自_____年____月____日起至工作任务完成时止。甲方应当以书面形式通知乙方工作任务完成。

二、工作内容和工作地点

第二条 乙方工作岗位是_____，岗位职责为____乙方的工作地点为_____。

乙方应爱岗敬业、诚实守信，保守甲方商业秘密，遵守甲方依法制定的劳动规章制度，认真履行岗位职责，按时保质完成工作任务。乙方违反劳动纪律，甲方可依据依法制定的劳动规章制度给予相应处理。

三、工作时间和休息休假

第三条 根据乙方工作岗位的特点，甲方安排乙方执行以下第____种工时制度：

1. 标准工时工作制。每日工作时间不超过 8 小时，每周工作时间不超过 40 小时。由于生产经营需要，经依法协商后可以延长工作时间，一般每日不得超过 1 小时，特殊原因每日不得超过 3 小时，每月不得超过 36 小时。甲方不得强迫或者变相强迫乙方加班加点。

2. 依法实行以_____为周期的综合计算工时工作制。综合计算周期内的总实际工作时间不应超过总法定标准工作时间。甲方应采取适当方式保障乙方的休息休假权利。

3. 依法实行不定时工作制。甲方应采取适当方式保障乙方的休息休假权利。

第四条 甲方安排乙方加班的，应依法安排补休或支付加班工资。

第五条 乙方依法享有法定节假日、带薪年休假、婚丧假、产假等假期。

四、劳动报酬

第六条 甲方采用以下第____种方式向乙方以货币形式支付工资，于每月____日前足额支付：

1. 月工资_____元。

2. 计件工资。计件单价为_____,甲方应合理制定劳动定额,保证乙方在提供正常劳动情况下,获得合理的劳动报酬。

3. 基本工资和绩效工资相结合的工资分配办法,乙方月基本工资_____元,绩效工资计发办法为_____。

4. 双方约定的其他方式_____。

第七条 乙方在试用期期间的工资计发标准为_____或_____元。

第八条 甲方应合理调整乙方的工资待遇。乙方从甲方获得的工资依法承担的个人所得税由甲方从其工资中代扣代缴。

五、社会保险和福利待遇

第九条 甲乙双方依法参加社会保险,甲方为乙方办理有关社会保险手续,并承担相应社会保险义务,乙方应当缴纳的社会保险费由甲方从乙方的工资中代扣代缴。

第十条 甲方依法执行国家有关福利待遇的规定。

第十一条 乙方因工负伤或患职业病的待遇按国家有关

规定执行。乙方患病或非因工负伤的,有关待遇按国家有关规定和甲方依法制定的有关规章制度执行。

六、职业培训和劳动保护

第十二条 甲方应对乙方进行工作岗位所必需的培训。乙方应主动学习,积极参加甲方组织的培训,提高职业技能。

第十三条 甲方应当严格执行劳动安全卫生相关法律法规规定,落实国家关于女职工、未成年工的特殊保护规定,建立健全劳动安全卫生制度,对乙方进行劳动安全卫生教育和操作规程培训,为乙方提供必要的安全防护设施和劳动保护用品,努力改善劳动条件,减少职业危害。乙方从事接触职业病危害作业的,甲方应依法告知乙方工作过程中可能产生的职业病危害及其后果,提供职业病防护措施,在乙方上岗前、在岗期间和离岗时对乙方进行职业健康检查。

第十四条 乙方应当严格遵守安全操作规程,不违章作业。乙方对甲方管理人员违章指挥、强令冒险作业,有权拒绝执行。

七、劳动合同的变更、解除、终止

第十五条 甲乙双方应当依法变更劳动合同,并采取书面形式。

第十六条 甲乙双方解除或终止本合同,应当按照法律法规规定执行。

第十七条 甲乙双方解除终止本合同的,乙方应当配合甲方办理工作交接手续。甲方依法应向乙方支付经济补偿的,在办结工作交接时支付。

第十八条 甲方应当在解除或终止本合同时,为乙方出具解除或者终止劳动合同的证明,并在十五日内为乙方办理档案和社会保险关系转移手续。

八、双方约定事项

第十九条 乙方工作涉及甲方商业秘密和与知识产权相关的保密事项的,甲方可以与乙方依法协商约定保守商业秘密或竞业限制的事项,并签订保守商业秘密协议或竞业限制协议。

第二十条 甲方出资对乙方进行专业技术培训,要求与乙方约定服务期的,应当征得乙方同意,并签订协议,明确双方权利义务。

第二十一条 双方约定的其它事项:_____

_____

九、劳动争议处理

第二十二条 甲乙双方因本合同发生劳动争议时,可以按照法律法规的规定,进行协商、申请调解或仲裁。对仲裁裁决不服的,可以依法向有管辖权的人民法院提起诉讼。

十、其他

第二十三条 本合同中记载的乙方联系电话、通讯地址为劳动合同期内通知相关事项和送达书面文书的联系方式、送达地址。如发生变化,乙方应当及时告知甲方。

第二十四条 双方确认:均已详细阅读并理解本合同内容,清楚各自的权利、义务。本合同未尽事宜,按照有关法律法规和政策规定执行。

第二十五条 本合同双方各执一份,自双方签字(盖章)之日起生效,双方应严格遵照执行。

甲方(盖章)　　　　　　　　乙方(签字)
法定代表人(主要负责人)

或委托代理人（签字或盖章）

　　　　年　　月　　日　　　　　　　年　　月　　日

附件1

续订劳动合同

经甲乙双方协商同意，续订本合同。

一、甲乙双方按以下第____种方式确定续订合同期限：

1. 固定期限：自____年____月____日起至____年____月____日止。

2. 无固定期限：自____年____月____日起至依法解除或终止劳动合同时止。

二、双方就有关事项约定如下：

1._____；

2._____；

3._____。

三、除以上约定事项外，其他事项仍按照双方于____年____月____日签订的劳动合同中的约定继续履行。

甲方（盖章）　　　　　　　　乙方（签字）

法定代表人（主要负责人）

或委托代理人（签字或盖章）

　　年　月　日　　　　　　　年　月　日

附件2

变更劳动合同

一、经甲乙双方协商同意，自 _____ 年 _____ 月 _____ 日起，对本合同作如下变更：

1. _____；
2. _____；
3. _____。

二、除以上约定事项外，其他事项仍按照双方于 _____ 年 _____ 月 _____ 日签订的劳动合同中的约定继续履行。

甲方（盖章）　　　　　　　　乙方（签字）

法定代表人（主要负责人）

或委托代理人（签字或盖章）

　　年　月　日　　　　　　　年　月　日

2. 劳动合同[1]

(劳务派遣)

甲方(劳务派遣单位):＿＿＿＿＿＿＿＿＿＿
乙方(劳 动 者):＿＿＿＿＿＿＿＿＿
签 订 日 期:＿＿＿年＿＿月＿＿日

注 意 事 项

一、本合同文本供劳务派遣单位与被派遣劳动者签订劳动合同时使用。

---

[1] 来源:《人力资源社会保障部关于发布劳动合同示范文本的说明》。

二、劳务派遣单位应当向劳动者出具依法取得的《劳务派遣经营许可证》。

三、劳务派遣单位不得与被派遣劳动者签订以完成一定任务为期限的劳动合同,不得以非全日制用工形式招用被派遣劳动者。

四、劳务派遣单位应当将其与用工单位签订的劳务派遣协议内容告知劳动者。劳务派遣单位不得向被派遣劳动者收取费用。

五、劳动合同应使用蓝、黑钢笔或签字笔填写,字迹清楚,文字简练、准确,不得涂改。确需涂改的,双方应在涂改处签字或盖章确认。

六、签订劳动合同,劳务派遣单位应加盖公章,法定代表人(主要负责人)或委托代理人应签字或盖章;被派遣劳动者应本人签字,不得由他人代签。劳动合同交由劳动者的,劳务派遣单位、用工单位不得代为保管。

甲方(劳务派遣单位):＿＿＿＿＿＿＿＿＿
统一社会信用代码:＿＿＿＿＿＿＿＿＿＿＿
劳务派遣许可证编号:＿＿＿＿＿＿＿＿＿＿
法定代表人(主要负责人)或委托代理人:＿＿＿

注 册 地：_____
经 营 地：_____
联系电话：_____

乙方（劳动者）：_____
居民身份证号码：_____
(或其他有效证件名称_____证件号：_____)
户籍地址：_____
经常居住地（通讯地址）：_____
联系电话：_____

根据《中华人民共和国劳动法》《中华人民共和国劳动合同法》等法律法规政策规定，甲乙双方遵循合法、公平、平等自愿、协商一致、诚实信用的原则订立本合同。

一、劳动合同期限

第一条 甲乙双方约定按下列第____种方式确定劳动合同期限：

1. 二年以上固定期限合同：自____年____月____日起

至_____年____月____日止。其中，试用期从用工之日起至_____年____月____日止。

2. 无固定期限的劳动合同：自_____年____月____日起至依法解除或终止劳动合同止。其中，试用期从用工之日起至_____年____月____日止。

试用期至多约定一次。

二、工作内容和工作地点

第二条 乙方同意由甲方派遣到_____（用工单位名称）工作，用工单位注册地_____，用工单位法定代表人或主要负责人_____。派遣期限为_____，从_____年____月____日起至_____年____月____日止。乙方的工作地点为_____。

第三条 乙方同意在用工单位_____岗位工作，属于临时性/辅助性/替代性工作岗位，岗位职责为_____。

第四条 乙方同意服从甲方和用工单位的管理，遵守甲方和用工单位依法制定的劳动规章制度，按照用工单位安排的工作内容及要求履行劳动义务，按时完成规定的工作数量，达到相应的质量要求。

三、工作时间和休息休假

第五条 乙方同意根据用工单位工作岗位执行下列第____种工时制度：

1. 标准工时工作制，每日工作时间不超过 8 小时，平均每周工作时间不超过 40 小时，每周至少休息 1 天。
2. 依法实行以_____为周期的综合计算工时工作制。
3. 依法实行不定时工作制。

第六条 甲方应当要求用工单位严格遵守关于工作时间的法律规定，保证乙方的休息权利与身心健康，确因工作需要安排乙方加班加点的，经依法协商后可以延长工作时间并依法安排乙方补休或支付加班工资。

第七条 乙方依法享有法定节假日、带薪年休假、婚丧假、产假等假期。

四、劳动报酬和福利待遇

第八条 经甲方与用工单位商定，甲方采用以下第____种方式向乙方以货币形式支付工资，于每月____日前足额支付：

1. 月工资_____元。

2. 计件工资。计件单价为_____。

3. 基本工资和绩效工资相结合的工资分配办法，乙方月基本工资_____元，绩效工资计发办法为_____。

4. 约定的其他方式_____。

第九条 乙方在试用期期间的工资计发标准为_____或_____元。

第十条 甲方不得克扣用工单位按照劳务派遣协议支付给被派遣劳动者的劳动报酬。乙方从甲方获得的工资依法承担的个人所得税由甲方从其工资中代扣代缴。

第十一条 甲方未能安排乙方工作或者被用工单位退回期间，甲方应按照不低于甲方所在地最低工资标准按月向乙方支付报酬。

第十二条 甲方应当要求用工单位对乙方实行与用工单位同类岗位的劳动者相同的劳动报酬分配办法，向乙方提供与工作岗位相关的福利待遇。用工单位无同类岗位劳动者的，参照用工单位所在地相同或者相近岗位劳动者的劳动报酬确定。

第十三条 甲方应当要求用工单位合理确定乙方的劳动

定额。用工单位连续用工的,甲方应当要求用工单位对乙方实行正常的工资调整机制。

五、社会保险

第十四条 甲乙双方依法在用工单位所在地参加社会保险。甲方应当按月将缴纳社会保险费的情况告知乙方,并为乙方依法享受社会保险待遇提供帮助。

第十五条 如乙方发生工伤事故,甲方应当会同用工单位及时救治,并在规定时间内,向人力资源社会保障行政部门提出工伤认定申请,为乙方依法办理劳动能力鉴定,并为其受工伤待遇履行必要的义务。甲方未按规定提出工伤认定申请的,乙方或者其近亲属、工会组织在事故伤害发生之日或者乙方被诊断、鉴定为职业病之日起 1 年内,可以直接向甲方所在地人力资源社会保障行政部门提请工伤认定申请。

六、职业培训和劳动保护

第十六条 甲方应当为乙方提供必需的职业能力培训,在乙方劳务派遣期间,督促用工单位对乙方进行工作岗位所必需的培训。乙方应主动学习,积极参加甲方和用工单位组织的培训,提高职业技能。

第十七条 甲方应当为乙方提供符合国家规定的劳动安全卫生条件和必要的劳动保护用品,落实国家有关女职工、未成年工的特殊保护规定,并在乙方劳务派遣期间督促用工单位执行国家劳动标准,提供相应的劳动条件和劳动保护。

第十八条 甲方如派遣乙方到可能产生职业危害的岗位,应当事先告知乙方。甲方应督促用工单位依法告知乙方工作过程中可能产生的职业病危害及其后果,对乙方进行劳动安全卫生教育和培训,提供必要的职业危害防护措施和待遇,预防劳动过程中的事故,减少职业危害,为劳动者建立职业健康监护档案,在乙方上岗前、派遣期间、离岗时对乙方进行职业健康检查。

第十九条 乙方应当严格遵守安全操作规程,不违章作业。乙方对用工单位管理人员违章指挥、强令冒险作业,有权拒绝执行。

七、劳动合同的变更、解除和终止

第二十条 甲乙双方应当依法变更劳动合同,并采取书面形式。

第二十一条 因乙方派遣期满或出现其他法定情形被用工单位退回甲方的,甲方可以对其重新派遣,对符合法律法规规定情形的,甲方可以依法与乙方解除劳动合同。乙方同意重新派遣的,双方应当协商派遣单位、派遣期限、工作地点、工作岗位、工作时间和劳动报酬等内容,并以书面形式变更合同相关内容;乙方不同意重新派遣的,依照法律法规有关规定执行。

第二十二条 甲乙双方解除或终止本合同,应当按照法律法规规定执行。甲方应在解除或者终止本合同时,为乙方出具解除或者终止劳动合同的证明,并在十五日内为乙方办理档案和社会保险关系转移手续。

第二十三条 甲乙双方解除终止本合同的,乙方应当配合甲方办理工作交接手续。甲方依法应向乙方支付经济补偿的,在办结工作交接时支付。

八、劳动争议处理

第二十四条 甲乙双方因本合同发生劳动争议时,可以按照法律法规的规定,进行协商、申请调解或仲裁。对仲裁裁决不服的，可以依法向有管辖权的人民法院提起诉讼。

第二十五条 用工单位给乙方造成损害的，甲方和用工单位承担连带赔偿责任。

九、其他

第二十六条 本合同中记载的乙方联系电话、通讯地址为劳动合同期内通知相关事项和送达书面文书的联系方式、送达地址。如发生变化，乙方应当及时告知甲方。

第二十七条 双方确认：均已详细阅读并理解本合同内容，清楚各自的权利、义务。本合同未尽事宜，按照有关法律法规和政策规定执行。

第二十八条 本劳动合同一式（　　）份，双方至少各执一份，自签字（盖章）之日起生效，双方应严格遵照执行。

甲方（盖章）　　　　　　　　乙方（签字）

法定代表人（主要负责人）

或委托代理人（签字或盖章）

　　年　　月　　日　　　　　年　　月　　日

附件 1

续订劳动合同

经甲乙双方协商同意,续订本合同。

一、甲乙双方按以下第____种方式确定续订合同期限:

1. 固定期限:自____年__月__日起至____年__月__日止。

2. 无固定期限:自____年__月__日起至依法解除或终止劳动合同时止。

二、双方就有关事项约定如下:

1._____;
2._____;
3._____

三、除以上约定事项外,其他事项仍按照双方于____年__月__日签订的劳动合同中的约定继续履行。

甲方(盖章)　　　　　　　　　　乙方(签字)

法定代表人(主要负责人)

或委托代理人（签字或盖章）

　　　年　　月　　日　　　　　年　　月　　日

附件 2

变更劳动合同

一、经甲乙双方协商同意，自＿＿＿＿年＿＿月＿＿日起，对本合同作如下变更：

1. ＿＿＿＿＿＿＿＿＿＿＿＿＿＿＿＿＿＿＿＿＿＿＿＿＿；
2. ＿＿＿＿＿＿＿＿＿＿＿＿＿＿＿＿＿＿＿＿＿＿＿＿＿；
3. ＿＿＿＿＿＿＿＿＿＿＿＿＿＿＿＿＿＿＿＿＿＿＿＿＿。

二、除以上约定事项外，其他事项仍按照双方于＿＿＿＿年＿＿月＿＿日签订的劳动合同中的约定继续履行。

甲方（盖章）　　　　　　　　　乙方（签字）

法定代表人（主要负责人）

或委托代理人（签字或盖章）

　　　年　　月　　日　　　　　年　　月　　日

3. 劳动合同争议起诉状

(参考文本)

【起诉状】

原告:
被告:
诉讼请求:
事实和理由:
证据和证据来源, 证人姓名和住址:

此 致

××人民法院

起诉人:
年 月 日

附: 合同副本____份。
　　本诉状副本____份。
　　其他证明文件____份。

【填写说明】

①原告应向法院列举所有可供证明的证据。证人姓名和住所,书证、物证的来源及由谁保管,并向法院提供复印件,以便法院调查。②事实和理由中应写清合同签订的经过、具体内容、纠纷产生的原因、诉讼请求及有关法律、政策依据。③"原告"栏写明姓名、性别、出生年月日、民族、籍贯、职业或工作单位和职务、住址等项。被告是法人、组织或行政机关的,应写明其名称和所在地址。④起诉状副本份数,应按被告的人数提交。

图书在版编目（CIP）数据

中华人民共和国劳动合同法：注释红宝书/《法律法规注释红宝书》编写组编. -- 北京：中国法治出版社，2025.8. -- （法律法规注释红宝书）. -- ISBN 978-7-5216-5424-0

Ⅰ. D922.525

中国国家版本馆 CIP 数据核字第 2025BK1997 号

责任编辑：成知博 潘环环	封面设计：赵 博

中华人民共和国劳动合同法：注释红宝书

ZHONGHUA RENMIN GONGHEGUO LAODONG HETONGFA：ZHUSHI HONGBAOSHU

编者/《法律法规注释红宝书》编写组
经销/新华书店
印刷/三河市紫恒印装有限公司

开本/880 毫米×1230 毫米 64 开	印张/ 4.125　字数/ 113 千
版次/2025 年 8 月第 1 版	2025 年 8 月第 1 次印刷

中国法治出版社出版

书号 ISBN 978-7-5216-5424-0	定价：14.00 元

北京市西城区西便门西里甲 16 号西便门办公区

邮政编码：100053	传真：010-63141600
网址：http://www.zgfzs.com	编辑部电话：**010-63141809**
市场营销部电话：010-63141612	印务部电话：**010-63141606**

（如有印装质量问题，请与本社印务部联系。）